HARCOURT
Ciencias

Harcourt School Publishers

Orlando • Boston • Dallas • Chicago • San Diego

www.harcourtschool.com

Authors

Marjorie Slavick Frank
Former Adjunct Faculty Member at
    Hunter, Brooklyn, and Manhattan
    Colleges
New York, New York

Robert M. Jones
Professor of Education
University of Houston-Clear Lake
Houston, Texas

Gerald H. Krockover
Professor of Earth and Atmospheric
    Science Education
School Mathematics and Science
    Center
Purdue University
West Lafayette, Indiana

Mozell P. Lang
Science Education Consultant
Michigan Department of Education
Lansing, Michigan

Joyce C. McLeod
Visiting Professor
Rollins College
Winter Park, Florida

Carol J. Valenta
Vice President—Education, Exhibits,
    and Programs
St. Louis Science Center
St. Louis, Missouri

Barry A. Van Deman
Science Program Director
Arlington, Virginia

Requests for permission to make
copies of any part of the work should
be mailed to the following address:

School Permissions, Harcourt, Inc.
6277 Sea Harbor Drive
Orlando, Florida 32887-6777

HARCOURT and the Harcourt Logo
are trademarks of Harcourt, Inc.

Printed in the United States of America

ISBN 0-15-314803-9

1 2 3 4 5 6 7 8 9 10   032   2002   2001   2000   99

Unidad B

Ciencias biológicas
Todos vivimos juntos

★5

Unidad C

Ciencias de la Tierra
Nuestra Tierra

Unidad D

Ciencias de la Tierra
El clima y las estaciones

Unidad F

Ciencias físicas
La energía y las fuerzas

★9

Destrezas de ciencias

Observar

Comparar

Ordenar en secuencia

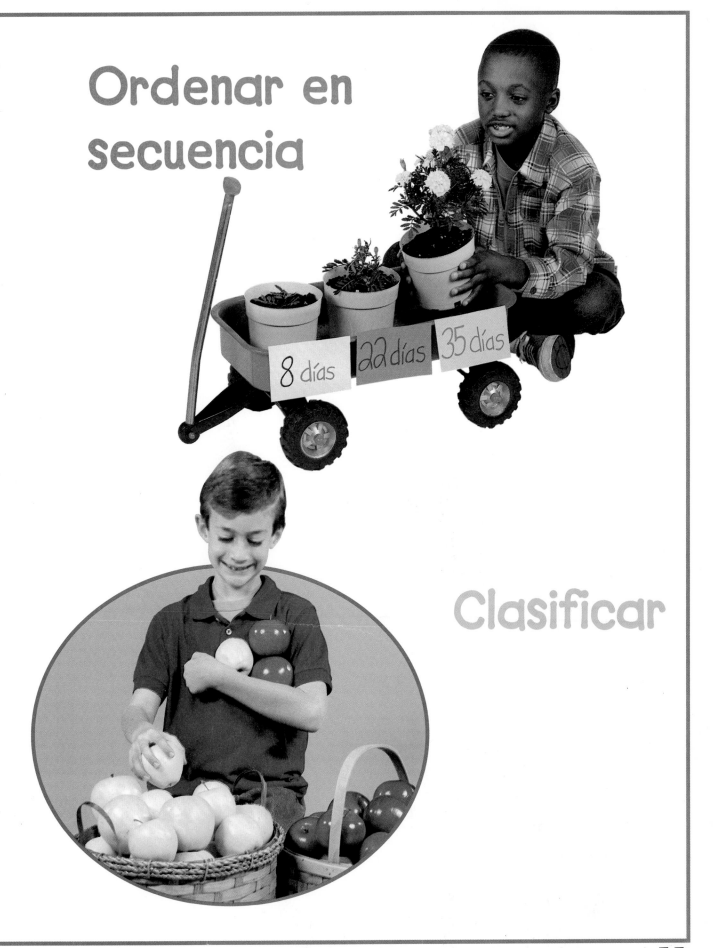

8 días   22 días   35 días

Clasificar

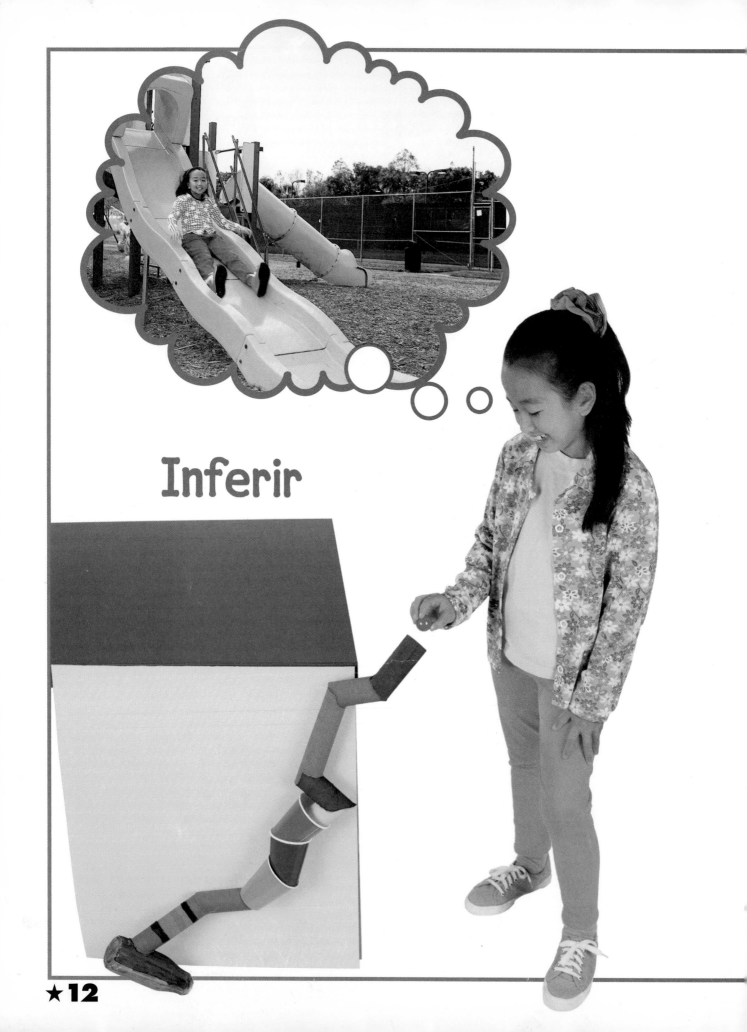

Inferir

Recopilar información

Planear

Hacer modelos

Medir

Predecir

Sacar conclusiones

¿Cuántos clips?

0 1 2 3

Comunicar

Seguridad en las ciencias

Anticipa

Sé ordenado

Sé cuidadoso

No comas o bebas cosas

Símbolos de seguridad

¡Cuidado!

¡Es puntiagudo!

¡Ten cuidado!

Usa un delantal.

Usa gafas protectoras.

Las plantas y los animales a nuestro alrededor

Ciencias biológicas

Las plantas y los animales a nuestro alrededor

PROYECTO DE LA UNIDAD

¡Mírame crecer!

Planea un acuario para la clase. Investiga las cosas que las plantas y los animales necesitan para vivir allí.

Los seres vivos y no vivos

Vocabulario

sentidos

vivo

no vivo

¿Lo sabías?

Los perros tienen **sentidos** al igual que las personas, pero los perros pueden oír sonidos más altos.

¿Lo sabías?
El ser **vivo** más antiguo de la Tierra es el pino *Longaeva* de Estados Unidos.

¿Cómo mis sentidos me ayudan a aprender?

Investigación

Usar tus sentidos

Materiales

trozos de fruta

guantes de plástico

1 Cierra tus ojos. Tu compañero se pondrá los guantes y te dará un trozo de fruta.

2 Toca y huele la fruta. Di lo que observas. Nombra la fruta.

3 Túrnense.

Destrezas de ciencias

Cuando observes cosas, usa más que la vista para descubrir sobre ellas.

Tus cinco sentidos

Tienes cinco **sentidos** que te ayudan a aprender sobre las cosas. ¿Qué parte de tu cuerpo usas para cada sentido?

vista

olfato

tacto

audición

gusto

A5

La vista

Tu sentido de la vista te ayuda a
aprender cómo lucen las cosas.

■ ¿Qué puede aprender el niño al ver el pez?

El tacto

Tu sentido del tacto te ayuda a aprender cómo se sienten las cosas.

■ **¿Qué puede aprender la niña al tocar el gato?**

La audición

Tu sentido de la audición te ayuda
a aprender sobre los sonidos.

■ ¿Qué sonido oye este
niño?

El olfato

Tu sentido del olfato te ayuda a aprender cómo huelen las cosas.

■ ¿Cómo crees que huelen estas flores?

El gusto

Tu sentido del gusto te ayuda a elegir qué comer.

■ ¿Cómo crees que saben estas uvas?

Piénsalo

1. ¿Cuáles son los cinco sentidos?
2. ¿Cómo te ayudan a aprender tus sentidos?

¿Qué son los seres vivos y no vivos?

Investigación

Un gusano de la harina y una roca

Materiales

gusano de la harina   roca   lupa   afrecho

1 Dale afrecho al gusano de la harina y la roca. Usa la lupa para observar.

2 ¿Se mueven o comen el gusano de la harina o la roca? Dibuja lo que ves.

3 Compara el gusano de la harina y la roca. ¿Cuál es un ser vivo?

Destrezas de ciencias
Cuando comparas cosas, sabes en qué se parecen y en qué se diferencian.

Seres vivos y no vivos

Las plantas, los animales y las personas son seres **vivos** . Necesitan alimento, agua y aire para vivir y crecer. Los seres **no vivos** no necesitan ni alimento ni agua ni aire.

vivos

no vivos

Seres vivos

Las flores y los perros son seres vivos.
Necesitan alimento, agua y aire para
crecer y cambiar. Nacen de otros
seres vivos.

■ **¿Cómo sabes que la flor es un ser vivo?**

Seres no vivos

Una roca y una silla son seres no vivos. No necesitan ni alimento ni agua ni aire. No crecen.

■ ¿Cómo sabes que éstos son seres no vivos?

Comparar seres vivos y no vivos

¿Cómo sabes si algo es vivo?
Pregúntate.

- ¿Necesita alimento, agua y aire?
- ¿Crece y cambia?

El ser es vivo si dices que sí las dos veces.

- ¿En qué se parecen estos osos?

- ¿En qué se diferencian?

Estas ilustraciones muestran seres vivos y no vivos. El agua se puede mover pero es un ser no vivo. No necesita ni alimento ni aire.

■ **¿Qué seres de estas ilustraciones son vivos y no vivos?**

Piénsalo

1. ¿Qué es un ser vivo?

2. ¿Qué es un ser no vivo?

Salud/Profesiones

El médico observa a las personas

Este médico usa sus sentidos mientras examina al niño. Escucha su corazón y observa su garganta.

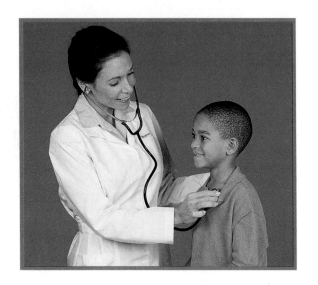 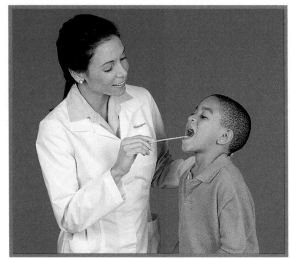

■ **¿Qué sentido usa el médico en cada ilustración?**

Piensa y practica

Haz un dibujo de un médico. Luego, muestra tu dibujo. Di cómo usan los médicos sus sentidos en su trabajo.

 **Matemáticas**

Medir con una gráfica de crecimiento

Esta niña puede decir que está creciendo. Su mamá la mide con una gráfica de crecimiento. Es más alta ahora que hace un año.

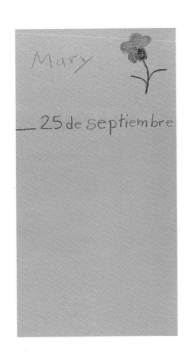

Mary

25 de septiembre

Piensa y practica

Haz una gráfica de crecimiento. Pídele a alguien que te ayude a marcar tu estatura. Escribe la fecha. Mide tu estatura todos los meses.

A17

REPASO

Di lo que sabes

1. ¿Qué sentidos usarías para aprender más sobre cada cosa?

Vocabulario

Di qué dibujo corresponde con las palabras.

2. ser vivo

3. ser no vivo

a.

b.

c.

d.

Uso de las destrezas de ciencias

4. Observar Reúne cosas en un cartón de huevos. Usa dos palabras para decir cómo se siente, luce, suena o huele. Pide a un compañero que adivine cada cosa.

5. Comparar Haz una gráfica para comparar un lápiz y una planta. Dibújalos. Di si los seres son vivos o no vivos.

¿Vivo o no vivo?			
Cosa	Dibujo	¿Necesita aire y agua?	¿Crece?
lápiz			
planta			

CAPÍTULO 2

Todo sobre las plantas

Vocabulario

raíces
tallo
hojas
flor
semilla
tegumento
luz solar

¿Lo sabías?
La *Rafflesia arnoldi* es la **flor** más grande del mundo.

¿Lo sabías?

Existe una planta que tiene **hojas** que se parecen a las orejas de un elefante.

¿Cuáles son las partes de una planta?

Investigación

Partes de una planta

Materiales

zanahoria

planta con flores

papel y lápiz

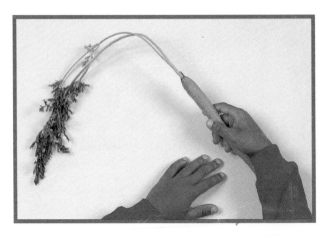

1 Observa las partes de una planta. Dibuja lo que ves.

2 Observa las partes de la otra planta. Dibuja lo que ves.

3 Compara las plantas. Habla sobre sus partes.

Destrezas de ciencias
Cuando comparas cosas, sabes en qué se parecen y en qué se diferencian.

Partes de una planta

Las plantas tienen partes diferentes. La mayoría de las plantas tienen raíces, un tallo y hojas. Muchas plantas también tienen flores.

flor

hoja

tallo

raíces

Cómo las partes de una planta la ayudan

Las plantas tienen muchas formas y tamaños. La mayoría de las plantas tienen las mismas partes. Estas partes las ayudan a vivir y crecer.

Las raíces

Las **raíces** mantienen a las plantas en el suelo. Las raíces también toman agua.

■ ¿Qué parte de una zanahoria te comes?

■ **¿Dónde están los tallos en estas ilustraciones?**

Los tallos

El **tallo** ayuda a sostener la planta.
El agua sube por el tallo hasta las hojas.

El tronco de un árbol también es un tallo.
El agua sube por el tronco hasta las hojas del árbol.

Las hojas

Las **hojas** crean el alimento para la planta. Las hojas de plantas diferentes tienen formas diferentes.

■ ¿Qué formas ves?

Las flores

Muchas plantas también tienen flores. Las **flores** hacen semillas.

■ ¿Sobre qué parte de la planta está la abeja?

Piénsalo

1. ¿En qué se parecen las plantas?

2. ¿En qué se diferencian?

¿Cómo crecen las plantas?

Investigación

La parte interna de una semilla

Materiales

semilla de frijol

lupa

1 Pela la cubierta de la semilla.

2 Abre la semilla.

3 Observa. Di qué hay adentro.

Destrezas de ciencias

Usa una lupa para observar.

Cómo crecen las plantas

La mayoría de las plantas crecen de una **semilla**. La semilla puede tener una cubierta llamada **tegumento**. El tegumento se cae a medida que crece la planta.

hojas

tallo

semilla

tegumento

raíces

Las plantas crecen de las semillas

Plantas diferentes crecen de semillas diferentes. Las plantas nuevas se parecen a las plantas de donde provienen las semillas. Cuando las plantas viejas mueren, sus semillas se pueden sembrar para que crezcan plantas nuevas.

■ **Observa las semillas. ¿En qué se parecen y en qué se diferencian?**

semillas de tomate

semillas de girasol

semillas de manzana

semillas de maíz

semillas de diente de león

semillas de naranja

Piénsalo

1. ¿De dónde provienen las plantas nuevas?

2. ¿Cómo lucirá la planta que crece de una semilla?

¿Qué necesitan las plantas?

Lo que necesitan las plantas para crecer

Materiales

semillas

2 vasos transparentes

un vaso de color

tierra

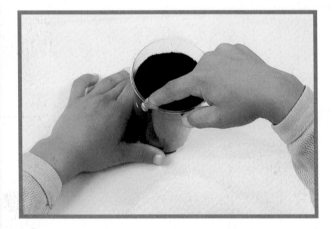

1 Llena con tierra uno de los vasos transparentes. Siembra dos semillas cerca de la orilla. Riega las semillas.

2 Pon el vaso con las semillas dentro del vaso de color. Sácalo después de tres días.

3 Comparte lo que ves.

Destrezas de ciencias

Cuando compartes tus ideas, te comunicas con otros.

Lo que necesitan las plantas para vivir

Las plantas necesitan tres cosas para vivir y crecer. ¿Cuáles son estas tres cosas?

aire

luz

agua

A33

Cómo crecen y viven las plantas

Luz y aire

Las hojas de una planta usan la luz y el aire para hacer alimento. La luz del sol se llama **luz solar**.

Agua

Las plantas también necesitan agua para crecer y mantenerse saludables. El agua ayuda a mover el alimento a todas las partes de la planta.

■ ¿Cómo las hojas de esta planta la ayudan a vivir?

En lugares diferentes alrededor del mundo crecen tipos diferentes de plantas. Todas estas plantas necesitan luz, aire y agua.

desierto

■ **¿Dónde está el agua en cada una de estas ilustraciones?**

Piénsalo

1. ¿Qué necesitan las plantas para vivir y crecer?

2. ¿Cómo usan las hojas la luz y el aire?

Arte

Un artista observa las plantas

Un artista llamado Vincent van Gogh pintó estas flores hace tiempo. Los artistas observan cuidadosamente las cosas a su alrededor.

■ ¿Qué partes de una planta puedes ver en este dibujo?

■ ¿Qué parte falta?

***Sunflowers* por Vincent van Gogh**

flor

tallo

Piensa y practica

Haz tu propio dibujo de una planta. Muestra por lo menos dos partes.

Medir una planta

Puedes usar una regla para medir lo alto que crece una planta. También puedes usar un lápiz o una vara si no tienes una regla.

Piensa y practica

Observa crecer una planta. Coloca un lápiz en la tierra al lado de la planta. Marca su altura. Déjala allí. Cada tres días, marca cuánto ha crecido la planta.

REPASO

Di lo que sabes

1. Di lo que sabes sobre cada ilustración.

Vocabulario

Indica qué ilustración corresponde a cada palabra o palabras.

2. raíces

3. hojas

4. tallo

5. flor

6. luz solar

7. semilla

8. tegumento

a.　　　**b.**　　　**c.**　　　**d.**

e.　　　**f.**　　　**g.**

Uso de las destrezas de ciencias

9. Comparar Las raíces toman agua. Los tallos sostienen las plantas. Piensa sobre la parte de tu cuerpo que toma agua o te ayuda a sostener. ¿En qué te pareces y en qué te diferencias de las plantas?

10. Observar Haz una gráfica sobre las hojas del área donde vives.

Halla dos hojas. Pégalas con pegamento o cinta adhesiva en tu gráfica. Habla sobre tus hojas.

Hojas			
Hoja	Forma	Color	Tamaño

Todo sobre los animales

Vocabulario

branquias

mamífero

reptil

anfibio

insecto

empollar

larva

ninfa

renacuajos

¿Lo sabías?
Un geco es un
reptil que puede
trepar árboles.

¿Lo sabías?

Hay más tipos de escarabajos que de cualquier otro insecto.

¿Qué necesitan los animales?

Una casa de animales

Materiales

envase y guantes de plástico

tierra, ramita y rocas

agua en una tapa de botella

animales pequeños

1 Pon la tierra, la ramita, las rocas, el agua y los animales en el envase.

2 Observa. ¿Cómo tu casa les da alimento, agua y un lugar para esconderse a los animales?

3 Dibuja lo que ves. Cierra la tapa.

Destrezas de ciencias

Cuando observas los animales en sus casas, puedes ver cómo satisfacen sus necesidades.

Lo que necesitan los animales

Todos los animales necesitan alimento, agua, aire y un lugar para vivir. Estos patos viven en un estanque. ¿Por qué es éste un buen hogar para ellos?

patos silvestres

caballo

Los animales necesitan alimento

Para vivir y crecer los animales necesitan diferentes tipos de alimentos. Los caballos comen pasto pero los leones comen carne. Los dientes lisos de un caballo son buenos para masticar pasto. Los dientes afilados de un león son buenos para desgarrar carne.

■ ¿Qué te dicen los dientes de un animal?

puma

Los animales necesitan agua

Todos los animales necesitan agua para vivir. Un camello bebe con su boca al igual que muchos animales. También obtiene agua de los alimentos que come. Un elefante usa su trompa para poner agua en su boca.

■ **¿Cómo consiguen los camellos y el elefante el agua que necesitan?**

camellos

elefante

Los animales necesitan un lugar para vivir

murciélago

Todos los animales necesitan un lugar para vivir. Algunos hallan su hogar. Otros construyen su hogar. Los animales se mantienen seguros y crían a sus pequeños en sus hogares.

halcones peregrinos

Guardabosques

Muchos animales tienen sus hogares en los parques. Si necesitan ayuda, los guardabosques los cuidan.

Los animales necesitan aire

Todos los animales necesitan aire para vivir y crecer. Partes especiales del cuerpo los ayudan a conseguirlo. Algunos tienen nariz y pulmones. Otros, como este pez, tienen **branquias** que toman aire del agua.

vaca

branquias

Piénsalo

1. ¿Qué necesitan los animales para vivir y crecer?

2. ¿Cuáles son algunas maneras en las que los animales satisfacen estas necesidades?

¿Cuáles son algunos tipos de animales?

 Investigación

Animales en tu vecindario

Materiales

papel y lápiz

1 Observa los diferentes tipos de animales en el patio de tu escuela.

2 Haz un dibujo de cada animal que observas.

3 Clasifica los animales en grupos. ¿En qué se parecen los animales en cada grupo?

Destrezas de ciencias
Cuando clasificas animales, observas en qué se parecen. Luego los agrupas.

Tipos diferentes de animales

Los científicos observan en qué se parecen y en qué se diferencian los animales. Ellos agrupan los animales que son iguales. Aqui hay algunos tipos de animales.

reptil

aves

peces

mamífero

anfibio

A49

Mamíferos

Un **mamífero** es un animal que le da leche a sus crías. Un mamífero también tiene pelo o pelaje en su cuerpo.

- ¿Cómo sabes que estos animales son mamíferos?

ciervo de Virginia

cerdo

ardilla

Aves

Las aves son animales que tienen dos alas y dos patas. Son los únicos animales que tienen plumas. Algunas aves vuelan, otras corren y algunas nadan.

guacamayo

azulejo

flamenco

■ ¿En qué se parecen todas estas aves?

A51

Reptiles

Un **reptil** es un animal con piel áspera y seca. Puede tener escamas o láminas duras. Los caimanes y las tortugas son reptiles.

caimanes

tortuga gigante

Anfibios

Un **anfibio** es un animal con piel suave y húmeda. Las ranas, los sapos y las salamandras son anfibios.

salamandra

■ ¿En qué se diferencian los anfibios de los reptiles?

Peces

Los peces viven en agua. Tienen partes del cuerpo especiales llamadas branquias que los ayudan a respirar. Sus cuerpos están cubiertos con escamas.

pargo

branquias

ángel de mar

■ **¿En qué se parecen estos peces?**

Piénsalo

1. ¿Cuáles son algunos tipos de animales diferentes?

2. ¿En qué se parecen los animales de todos los grupos? ¿En qué se diferencian?

¿Qué son los insectos?

Investigación

Un modelo de un insecto

Materiales

bolitas de estireno

tijeras

palillos de dientes y palillos de felpilla

papel encerado

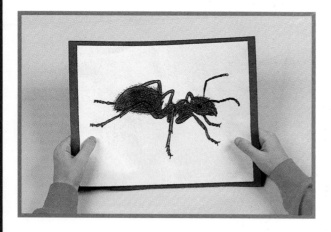

1 Elige un insecto. Los insectos tienen tres partes del cuerpo y seis patas.

2 Elige materiales. Haz un modelo de tu insecto.

CUIDADO Ten cuidado con los palillos de dientes, los palillos de felpilla y las tijeras. Son puntiagudos.

3 Compara tu modelo con una ilustración de un insecto real.

Destrezas de ciencias
Cuando haces un modelo de un insecto, muestras partes que tiene un insecto real.

Insectos

Un **insecto** es un animal que tiene tres partes del cuerpo y seis patas. Algunos insectos también tienen alas.

3 partes
del cuerpo

gorgojo

Más sobre los insectos

Los insectos ponen huevos. Una mariquita pone cientos de huevos a la vez.

Los insectos no tienen huesos. Tienen una capa protectora fuerte. La capa protege la parte suave interna.

mariquita

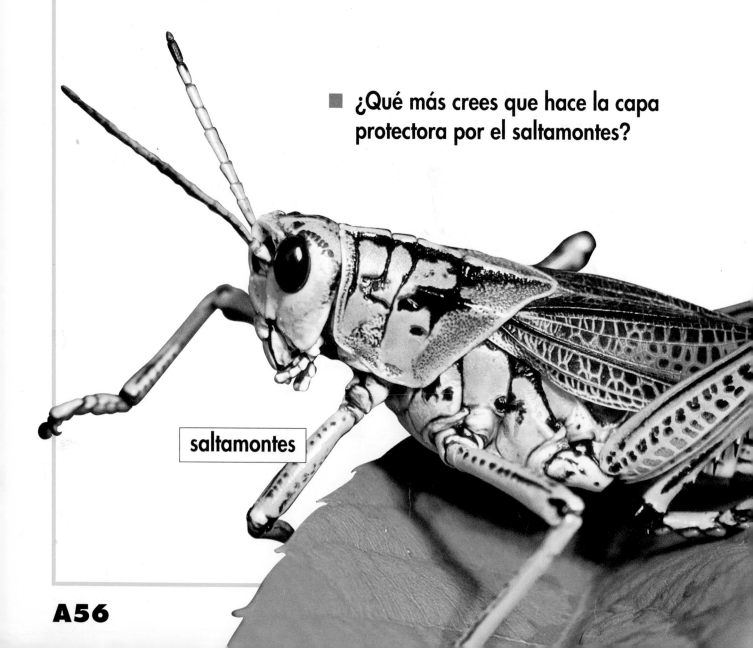

■ ¿Qué más crees que hace la capa protectora por el saltamontes?

saltamontes

Una mariposa es un insecto. Usa sus alas para volar. Una hormiga también es un insecto. La mayoría de las hormigas no tienen alas. Usan sus patas para moverse rápido.

■ **¿En qué se parecen y en qué se diferencian la mariposa y la hormiga?**

mariposa

hormiga

Piénsalo

1. ¿Cómo sabes si un animal es un insecto?

2. ¿Qué más sabes sobre los insectos?

¿Cómo crecen los animales?

Los animales y sus crías

Materiales

Tarjetas de animales

papel y lápiz

Los animales y sus crías		
Animal	Se parecen	Se diferencian
gatos	Los dos tienen orejas. Los dos son anaranjados.	Uno es grande. Otro es pequeño.

1 Empareja las tarjetas. Pon cada animal joven con el adulto.

2 Haz una tabla. Compara el animal joven con el adulto.

3 Di en qué se parece cada animal joven al adulto. Di en qué se diferencia.

Destrezas de ciencias
Cuando comparas las ilustraciones, sabes en qué se parecen y en qué se diferencian.

Cómo crecen diferentes tipos de animales

Estos animales jóvenes cambiarán a medida que crecen. Crecerán para parecerse a sus padres.

conejito

pollito

Maneras en que los animales comienzan la vida

Los conejos son pequeños cuando nacen. Sus ojos están cerrados. No pueden caminar o saltar hasta que son más grandes.

recién nacido

8 días de nacido

■ ¿Cuáles son las diferentes maneras en las que cambian el pollo y el conejo?

Al nacer, los pollos **salen del cascarón**. Sus ojos están abiertos. Pronto, pueden caminar y picotear para comer.

recién nacido

8 días de nacido

8 semanas de nacido

adulto

8 semanas de nacido

adulto

Los animales cuidan de sus crías

Algunos animales alimentan sus crías. Después, les enseñan cómo hallar comida.

petirrojos

osos pardos

■ ¿Cómo se aseguran estos animales de que sus crías tienen comida?

Algunos animales lamen sus crías para limpiarlos. Más tarde les enseñan a limpiarse por sí mismos.

chimpancés

Algunos animales permanecen cerca de sus crías para mantenerlos abrigados. Otros los mantienen abrigados en bolsas.

■ **¿Cómo mantienen abrigados estos pingüinos a sus crías?**

pingüinos

Piénsalo

1. ¿Cuáles son dos maneras en las que los animales comienzan la vida?

2. ¿Cómo cambian los animalitos a medida que crecen?

¿Cómo crece una mariposa?

La vida de una mariposa

Materiales

caja

oruga

papel y lápiz

1 Mantén tu oruga en un lugar cálido.

2 Observa tu oruga durante tres semanas. Dibújala cada vez.

3 ¿Cómo cambió tu oruga? Comparte lo que sucedió.

Destrezas de ciencias
Cuando usas tus sentidos para observar, descubres cómo cambia la oruga.

Cómo crece una mariposa

Una mariposa es un insecto. Nace de un huevo. Cambia muchas veces antes de que le salgan alas coloridas. ¿Qué tienen todos los insectos?

mariposa monarca

A65

De oruga a mariposa

Una mariposa comienza la vida siendo un huevo. Una oruga pequeñita o **larva** sale de un huevo. La oruga come y crece.

1 huevo

2 oruga o larva

3 ninfa

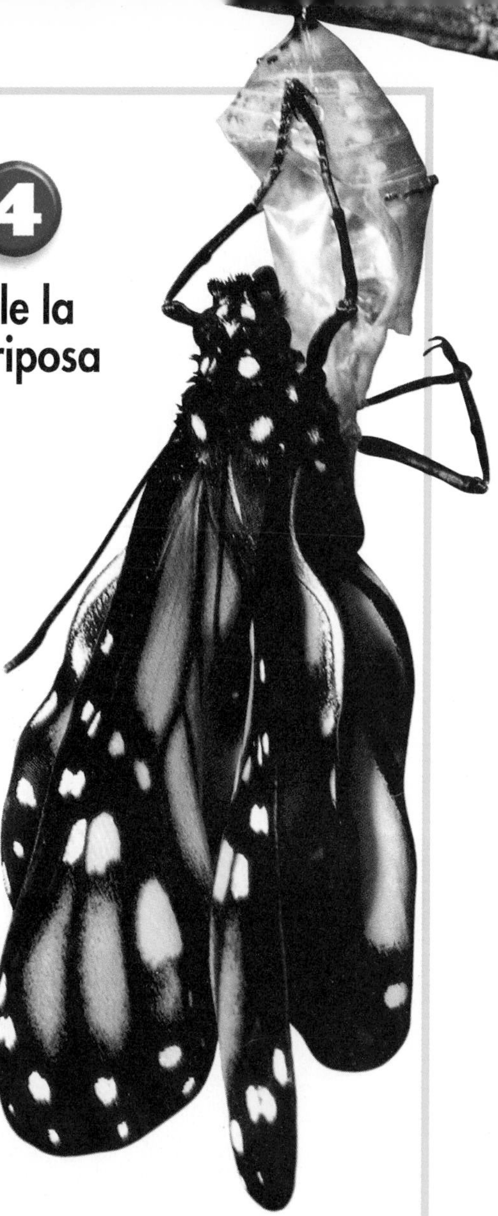

4 sale la mariposa

Luego, deja de comer. La oruga se convierte en una **ninfa** y hace una cubierta dura.

Dentro de la cubierta, la ninfa cambia lentamente. Finalmente, sale una mariposa y vuela.

5 mariposa adulta

Las alas ayudan a las mariposas a estar fuera de peligro

Las alas de las mariposas tienen formas y colores diferentes. Algunas alas parecen hojas o flores. Estas alas ayudan a esconder a las mariposas.

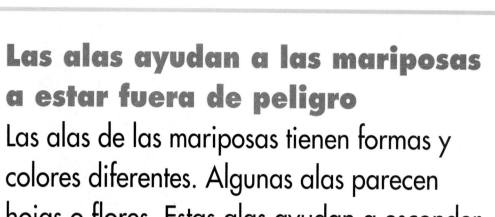

Junonia coenia

Celastrina ladon

Papilio glaucus

Otras alas ayudan a las mariposas a engañar a los pájaros hambrientos.

■ **¿Cómo crees que las "manchas oculares" pueden engañar a un pájaro?**

Caligo idomeneus

Amorpha californica

Piénsalo

1. ¿Cómo se convierte una oruga en una mariposa?

2. ¿Cuáles son algunas de las maneras en las que las alas ayudan a mantener fuera de peligro a las mariposas?

¿Cómo crece una rana?

 Investigación

La vida de una rana

Materiales

tarjetas

1 Pon las tarjetas en orden. Muestra cómo crees que una rana cambia a medida que crece.

2 Di por qué colocaste las tarjetas en ese orden.

Destrezas de ciencias
Cuando pones las tarjetas en orden, muestras lo que sucede primero, segundo y último.

Cómo crece una rana

Una rana es un anfibio. Nace de un huevo.
A medida que crece, cambia muchas veces.
Cuando es un adulto, tiene las patas
traseras largas.

rana leopardo

De renacuajo a rana

Las ranas ponen sus huevos en el agua.
Las ranitas o **renacuajos** nacen de
los huevos. Tienen colas para moverse y
branquias para respirar en el agua. Crecen.

■ ¿Cómo ha cambiado este renacuajo?

3 renacuajo con patas traseras

2 renacuajo

1 huevos de rana

Los renacuajos siguen creciendo. Les salen las patas delanteras. Obtienen pulmones para respirar aire. Sus colas se hacen más pequeñas. Luego, parecen ranitas. Saltan a la tierra y se hacen más grandes.

4

le salen patas delanteras al renacuajo y la cola se hace más pequeña

5 rana adulta

Piénsalo

1. ¿Cómo se convierte un renacuajo en una rana?
2. ¿Qué partes del cuerpo tiene un renacuajo que no tiene una rana?

 Movimiento/Teatro

Moverse como una rana

Estos niños piensan sobre un momento en la vida de una rana. Luego, se mueven para mostrar cómo es ese momento.

Piensa y practica

Halla un espacio en el piso. Muestra lo que hace una rana cuando es un huevo, un renacuajo o una rana.

Hallar simetría

Observa las alas de esta mariposa. Halla las dos partes que corresponden. Usa tu dedo para trazar una línea entre las dos partes que corresponden.

Piensa y practica

Haz una mariposa con alas que correspondan.

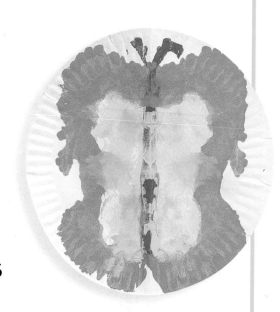

Dobla un plato de cartón por la mitad. Abre el plato y pinta patrones en una mitad. Mientras la pintura está fresca, presiona las dos mitades y luego abre el plato.

¿En qué se parecen las dos mitades?

CAPÍTULO 3

 REPASO

Di lo que sabes

1. Di en qué se parecen estos animales. Luego di en qué se diferencian.

Vocabulario

Di qué ilustración va con cada palabra.

2. mamífero

3. reptil

4. anfibio

5. insecto

6. branquias

7. ninfa

8. renacuajo

9. empollar

10. larva

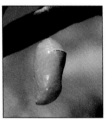 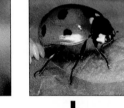 

a.   **b.**   **c.**

d.   **e.**   **f.**

g.   **h.**   **i.**

Uso de las destrezas de ciencias

11. Clasificar Haz una gráfica para mostrar grupos de animales. Busca ilustraciones de animales. Clasifica tus ilustraciones para hacer una gráfica como ésta.

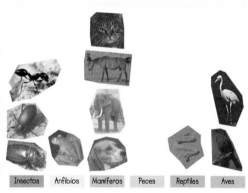

Insectos   Anfibios   Mamíferos   Peces   Reptiles   Aves

12. Secuencia Una mariposa cambia a medida que crece. Escribe las palabras en secuencia para mostrar cómo cambia este insecto.

mariposa

larva

huevo

ninfa

Juego de los sentidos

En una caja pon varias cosas. Pide a tu familia o a tus compañeros que cierren sus ojos. Pídeles que usen el tacto y el oído para adivinar cada cosa.

Paseo por la naturaleza

Sal a caminar con un compañero o un familiar. Dibuja o escribe algo acerca de lo que observen.

Crecer y cambiar

Mira fotos tuyas con un familiar. Hablen de cómo
has cambiado.

Observar una mascota

Con una persona adulta, busca una
mascota para observar. Dibuja
o escribe algo sobre el
animal.

¿Cómo es la mascota?

¿Qué come o bebe?

Redacción

Collage ¿Qué necesitan las plantas o las mascotas para vivir en el salón de clases? Haz un dibujo. Escribe tus ideas.

Lectura

La oruga muy hambrienta **por Eric Carle**

¿Cómo la oruga usa las plantas? Comparte tus ideas.

LA ORUGA MUY HAMBRIENTA

Eric Carle

CENTRO DE COMPUTACIÓN
Visita *The Learning Site* en
www.harcourtschool.com/science/spanish

Todos vivimos juntos

Ciencias biológicas

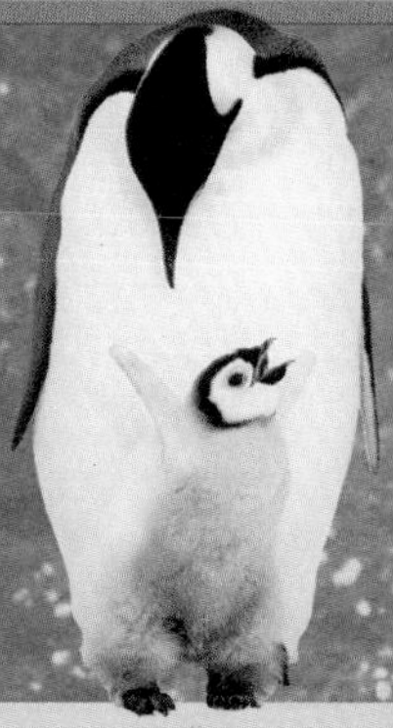

Todos vivimos juntos

PROYECTO DE LA UNIDAD

¡Da un vistazo!

Descubre cómo las plantas y los animales viven en lugares diferentes. Decora una caja que muestre un lugar.

Las plantas y los animales se necesitan

Vocabulario

refugio
enriquecer
polen
producto

¿Lo sabías?
Algunos animales como el pez anémona usan a otros animales como **refugio**.

¿Lo sabías?

El **polen** de la ambrosía tiene extremos puntiagudos que hacen estornudar a las personas.

B3

¿Cómo los animales necesitan las plantas?

Investigación

Cómo usan los animales pequeños las plantas

Materiales

cronómetro o reloj   círculo hecho de cuerda   papel y lápiz

1 Ve afuera con tu clase. Observa los animales y las plantas dentro de tu círculo hecho de cuerda.

2 Observa y anota durante cinco minutos. ¿Cómo usan los animales a las plantas?

3 Comparte lo que observaste.

Destrezas de ciencias
Mientras observas, usa tus sentidos de la vista, la audición y el olfato.

Cómo los animales necesitan las plantas

Muchos animales necesitan las plantas como alimento. Algunos animales usan las plantas para esconderse o hacer nidos para sus crías.

conejo

tallo de zanahoria

B5

Los animales necesitan las plantas como alimento

Algunos animales comen sólo plantas. Los conejos comen los tallos y las raíces de las plantas de zanahoria. Las orugas comen hojas.

■ ¿Qué come esta vaca?

vaca

oruga

Algunos animales comen tanto animales como plantas. Un tucán come tanto insectos como frutas. Un oso come peces y moras.

■ ¿Qué come este mapache?

mapache

tucán

Otras maneras en que los animales necesitan las plantas

Algunos animales necesitan las plantas como refugio. Un **refugio** es un lugar donde un animal puede estar fuera de peligro.

leopardo africano

■ ¿Cómo el árbol ayuda al leopardo a mantenerse fuera de peligro?

Muchos animales que viven en la tierra necesitan las plantas como refugio. Ellos pueden vivir dentro de troncos carcomidos. Comen pedazos de plantas muertas.

termitas

Algunos animales hacen nidos con partes de plantas. Un pájaro puede usar la hierba. Un caimán usa hojas y caña fuerte.

oriol

caimán

ratón de patas blancas

■ ¿Qué usan los ratones para hacer un nido?

Piénsalo

1. ¿Cuáles son algunas maneras en que los animales necesitan las plantas?

2. ¿Qué animales comen sólo plantas? ¿Qué animales comen tanto animales como plantas?

¿Cómo ayudan los animales a las plantas?

Investigación

Cómo se pegan las semillas a los animales

Materiales

pelota de estireno

glue

pegamento

algodón y otros materiales para probar

1 Observa estas ilustraciones. ¿Cómo se podrían pegar estas semillas a los animales?

3 Investiga tus materiales. ¿Cuáles se pegan al algodón? El algodón es como la piel de un animal.

2 Haz un modelo de una semilla que se pega. Elige materiales para pegar a la pelota.

Destrezas de ciencias

Para investigar cómo las semillas se pegan a los animales, haz un plan para probar ideas diferentes. Sigue tu plan.

Cómo los animales ayudan a las plantas

Algunos animales transportan semillas a lugares nuevos. Algunos ayudan a mejorar la tierra para las plantas. Otros, ayudan a las flores a hacer semillas.

Los animales transportan semillas

Una semilla se puede pegar al pelaje de un gato. La semilla puede ser transportada lejos de la planta. Cuando la semilla se cae, de ella puede crecer una planta nueva.

semilla de cardo

Los animales ayudan a mejorar la tierra

lombriz

Una lombriz come plantas muertas. Sus desperdicios ayudan a **enriquecer** la tierra o mejorar la tierra para las plantas.

- ¿Qué cosas hacen estos animales que ayudan a las plantas?

Los animales ayudan a las plantas a hacer semillas

Las flores tienen un polvo llamado **polen** que las ayuda a hacer semillas. Una mariposa lleva polen de flor en flor. El polen se cae. Esas flores usan el polen para hacer semillas.

■ ¿Dónde se le pega el polen a la mariposa?

mariposa

Piénsalo

1. ¿Cómo mejoran la tierra para las plantas los animales pequeños?

2. ¿Cómo ayudan los animales a las plantas para que crezcan plantas nuevas?

¿Necesitamos las plantas y los animales?

Investigación

Cosas que usan las personas

Materiales

tarjetas

1 ¿Qué tarjetas muestran cosas hechas de plantas? ¿Y de animales?

2 Clasifica las tarjetas. Clasifícalas en grupos.

3 Comparte tus grupos. Di por qué cada cosa pertenece a ese grupo.

Destrezas de ciencias
Cuando clasificas las cosas de las tarjetas, las agrupas para mostrar en qué son iguales.

Cómo las personas necesitan las plantas y los animales

Las personas necesitan las plantas y los animales como alimento, ropa y refugio. Las plantas y los animales también le añaden belleza a la vida de las personas.

Para qué las personas necesitan las plantas

Las personas necesitan refugio y ropa. Usan las plantas para hacer muchos productos. Un **producto** es algo que hacen las personas a partir de otras cosas.

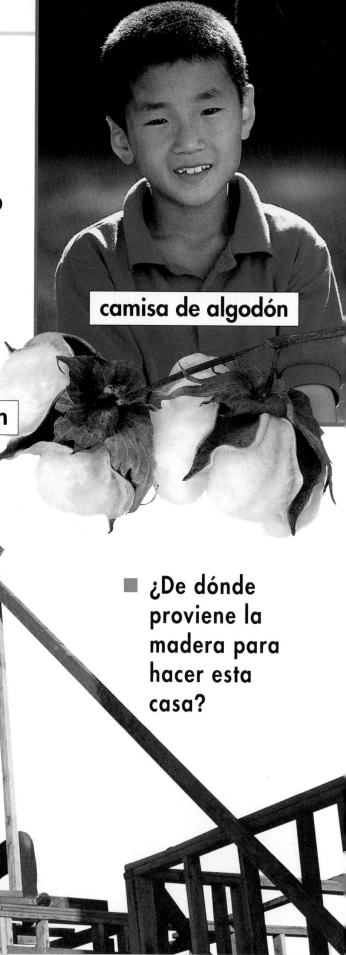

camisa de algodón

algodón

■ ¿De dónde proviene la madera para hacer esta casa?

Las personas comen partes de las plantas. El apio es el tallo de una planta. La mantequilla de cacahuate está hecha de cacahuates, las semillas de una planta.

■ **¿Qué planta te gusta comer?**

Las personas también usan las plantas para hacer productos que necesitan en sus hogares.

Para qué las personas necesitan los animales

Las personas usan los animales como alimento. Muchas personas comen carne, cerdo, pollo y pescado. Los huevos y la leche también son alimentos que provienen de los animales.

■ **¿Qué partes de este desayuno provienen de los animales? ¿Qué partes provienen de las plantas?**

Las personas usan la lana de la oveja para hacer ropa. Los abrigos y los suéteres pueden ser hechos con lana.

B18

Entrenador de perros guía

Algunas personas tienen animales como mascotas. Otras necesitan los animales como ayudantes. Los entrenadores de perros guía trabajan con algunos perros. Los enseñan a ayudar a los ciegos.

Piénsalo

1. ¿Cuáles son algunas maneras en que las personas necesitan las plantas?

2. ¿Cuáles son algunas maneras en que las personas necesitan los animales?

Matemáticas

Bocadillos hechos de plantas

Las personas hacen bocadillos de plantas. Mezclan cacahuates, frutas secas y cereal para hacer un bocadillo sabroso. Las tiendas pueden llamar a este bocadillo *cacahuates* y *frutas secas*.

Piensa y practica

Haz un bocadillo de plantas. Mide una taza de granola, una de pasas y una de cacahuates en un tazón. Mézclalos. Come tu bocadillo de cacahuates y frutas secas.

Mantener una costumbre

Hace mucho tiempo, algunos afroamericanos de South Carolina hacían cestas como ésta. Las tejían de plantas. Esta mujer mantiene la costumbre. Ella teje una cesta como lo hacían las personas anteriormente.

Piensa y practica

El papel proviene de las plantas. Se hace de la madera de los árboles. Usa franjas de papel de colores para tejer un mantelito.

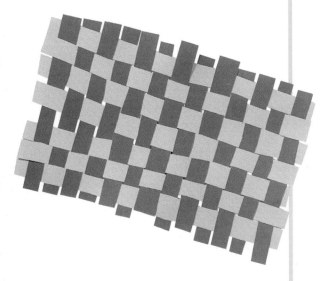

R E P A S O

Di lo que sabes

1. Di cómo los animales y las personas pueden usar las plantas para satisfacer sus necesidades.

Vocabulario

Di qué ilustración va con cada palabra. Luego usa la palabra para decir de la ilustración.

 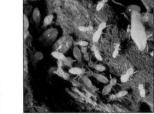

a.   **b.**

2. enriquecer

3. refugio

4. polen

5. producto

c.   **d.**

Uso de las destrezas de ciencias

6. Clasificar Reúne ilustraciones de diferentes alimentos. Pon los alimentos que provienen de las plantas en un grupo y los que provienen de los animales en otro grupo.

¿Qué alimentos puedes hallar que provienen de plantas y de animales?

7. Observar Haz una tabla sobre las maneras en que usas las plantas y los animales. Observa como los usas en la escuela. Haz dibujos en tu tabla.

Maneras en que uso las plantas y los animales			
	Alimento	Ropa	Belleza
Plantas			
Animales			

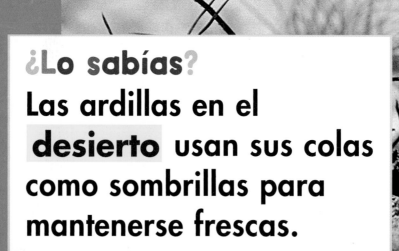

Un lugar para vivir

Vocabulario

bosque

desierto

bosque tropical

océano

algas

¿Lo sabías?
Las ardillas en el **desierto** usan sus colas como sombrillas para mantenerse frescas.

¿Lo sabías?
Una planta llamada **alga** se usa para hacer helado.

¿Qué vive en un bosque?

Árboles del bosque

Materiales

creyón oscuro

lápiz y papel

1 Ve afuera. Halla un árbol. Dibuja una de sus hojas.

2 Usa el papel para calcar un pedazo de la corteza del árbol.

3 Compara tu dibujo y el calco con un compañero de clases.

Destrezas de ciencias

Cuando comparas los dibujos y los calcos, fíjate en qué se parecen y en qué se diferencian los árboles.

Los bosques

Un **bosque** es un lugar donde crecen muchos árboles. El suelo forestal es sombrío. La tierra permanece húmeda.

bosque

Plantas y animales del bosque

Algunos árboles crecen muy alto en un bosque. Sus hojas altas absorben la luz solar que necesitan para hacer el alimento.

Los arbustos de moras y los laureles necesitan menos luz solar que los árboles. Pueden crecer debajo de los árboles.

arbustos de mora

laurel

Muchos animales encuentran alimento y refugio en un bosque. Los tordos encuentran lugares seguros para construir sus nidos. Las tortugas caja comen lombrices como alimento.

tordos

¿Cómo los zorros satisfacen sus necesidades?

zorros rojos

tortuga caja

Piénsalo

1. ¿Qué es un bosque?
2. ¿Cómo satisfacen sus necesidades las plantas y los animales en un bosque?

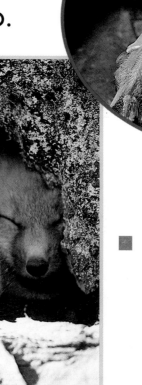

¿Qué vive en el desierto?

Investigación

Hojas del desierto

Materiales

2 clips

agua

papel encerado

2 toallas de papel en forma de hoja

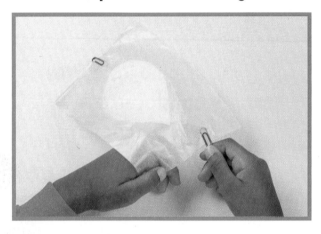

1 Humedece las dos toallas de papel en forma de hoja. Coloca una de las formas sobre el papel encerado. Dobla el papel encima y asegúralo con los clips.

2 Coloca las dos hojas a la luz solar. Revísalas después de una hora.

3 ¿Qué hoja retiene agua por más tiempo? Saca una conclusión.

> **Destrezas de ciencias**
> Para sacar una conclusión sobre las hojas del desierto, piensa sobre tu hoja con la capa encerada y la otra hoja.

Los desiertos

Un **desierto** es un lugar seco. Recibe mucha luz solar y poca lluvia. Pocas clases de plantas y animales pueden vivir allí.

desierto

Plantas y animales del desierto

Las plantas del desierto pueden retener agua para usarla cuando sea necesario. Algunas, como la yuca, tienen hojas gruesas con una capa encerada. Otras retienen agua en sus tallos gruesos.

reyezuelo del cacto

yuca

cacto de la cola de castor

La mayoría de los desiertos son calientes. Los animales del desierto saben cómo mantenerse frescos y conseguir agua. Algunos, como el armadillo, permanecen en la sombra. Buscan alimento en la noche cuando es más fresco. Otros, como la rata canguro, obtienen agua de su alimento.

◼ **¿Cómo se mantienen frescos estos animales?**

armadillo

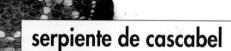
serpiente de cascabel

rata canguro

Piénsalo

1. ¿Qué es un desierto?

2. ¿Cómo viven las plantas y los animales en un desierto?

¿Qué vive en un bosque tropical?

Plantas del bosque tropical

Materiales

semillas

2 algodones húmedos

recipientes y tapa para rollo de película

cubierta transparente y elástico

algodón húmedo

semillas

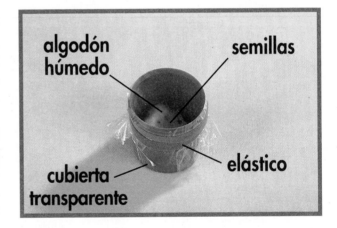

algodón húmedo

semillas

cubierta transparente

elástico

1 A las plantas del bosque tropical les da poca luz. Haz un modelo de un bosque tropical como éste. Tápalo.

2 A las plantas de un bosque les da más luz. Haz un bosque como éste.

3 Pon los dos modelos de bosques a la luz del sol durante 5 días. Di cómo cambian los algodones.

Destrezas de ciencias
Para comunicar cómo crecen los bosques, dibuja y comparte lo que observaste.

Bosques tropicales

Un **bosque tropical** está húmedo todo el año. La mayoría de los bosques tropicales también son cálidos. La lluvia y el clima cálido ayudan a los árboles y otras plantas a crecer. Los animales usan las plantas para satisfacer sus necesidades.

bosque tropical

Animales y plantas del bosque tropical

Los animales viven en diferentes niveles del bosque tropical. Los guacamayos viven cerca de las copas de los árboles. Hallan frutas para comer. Los perezosos se cuelgan de la mitad de los árboles. Allí hallan refugio y plantas para comer.

guacamayo

perezosos

orquídea

bromelia

Las plantas del bosque tropical también viven en diferentes niveles. La mayoría crece de raíces en la tierra. Algunas, como la orquídea, crecen de las raíces en la mitad de los árboles. Allí obtienen la luz que necesitan.

■ ¿Dónde vive esta bromelia?

Piénsalo

1. ¿Qué es un bosque tropical?
2. ¿Cómo viven las plantas y los animales en un bosque tropical?

¿Qué vive en el océano?

Investigación

Animales del océano

Materiales

tarjetas del océano

1 ¿Qué tarjetas del océano muestran peces?

2 Clasifica los animales. Ponlas en grupos.

3 Comparte tus grupos. Habla sobre otras maneras de clasificar los animales.

Destrezas de ciencias
Cuando clasificas los animales, los agrupas para mostrar en qué se parecen.

Los océanos

Un **océano** es una masa de agua salada grande y profunda. Los océanos cubren más de la mitad de la Tierra.

océano

Plantas y animales del océano

Las plantas del océano son **algas**. Muchos animales del océano usan las algas como alimento y refugio.

pez papagayo

■ ¿Para qué usa las algas el pez papagayo?

delfín de nariz en forma de botella

tortuga verde de mar

estrella de mar

Los animales del océano pueden hallar lo que necesitan en las aguas del océano. Las colas fuertes de los delfines los ayudan a nadar rápido para atrapar los peces. Las tortugas de mar usan sus aletas para nadar y capturar alimento.

■ ¿Cómo crees que la forma de una estrella de mar la ayuda a obtener alimento?

Piénsalo

1. ¿Qué es un océano?
2. ¿Cómo obtienen los animales del océano lo que necesitan para vivir?

Matemáticas

Observar patrones de hojas

Puedes hallar patrones de hojas en una ramita de un árbol. A un árbol le salen hojas una y otra vez. Las hojas forman un patrón.

Piensa y practica

Observa la ramita de un árbol con hojas. Observa cómo crecen las hojas en un patrón. Haz un dibujo que muestre el patrón.

Un científico investiga el océano

Sylvia Earle es un biólogo marino, un científico que estudia la vida en el océano. Ella se sumerge en el agua para investigar sobre las plantas y los animales del océano. También ayuda a las personas a aprender sobre el océano.

Piensa y practica

Elige una planta o un animal que viva en el océano. Lee libros para aprender más sobre esto. Haz un cartel que diga sobre la planta o el animal.

Di lo que sabes

1. Di sobre dónde vive cada animal.

Vocabulario

Di qué ilustración va con la palabra o palabras.

2. algas

3. bosque tropical

4. océano

5. desierto

6. bosque

a.   **b.**   **c.**

d.   **e.**

Uso de las destrezas de ciencias

7. Clasificar Lee las claves. Nombra cada planta. Di dónde vive.

a. Esta planta tiene espinas que evita que los animales se las coman. Tiene una capa cerosa para retener agua.

b. Este animal tiene aletas para nadar. Usa las algas para alimentarse y refugiarse.

c. Esta planta vive en la mitad de los árboles. Necesita un lugar cálido y húmedo.

8. Comparar Observa la gráfica. Di qué lugar recibe más lluvia en un mes.

¿Cuánta lluvia cae en un mes?	
Bosque templado	◊ ◊ ◊ ◊ ◊
Bosque tropical	◊ ◊ ◊ ◊ ◊ ◊ ◊ ◊ ◊ ◊ ◊ ◊ ◊ ◊ ◊
Desierto	◊

Cada ◊ es igual a 2 centímetros.

Qué necesitan las lombrices

Qué tipo de suelo le gusta a las lombrices.

1. Pon dos tipos de suelo y dos lombrices en una caja tapada.

2. En dos horas, revisa donde están las lombrices.

3. ¿Qué necesitan las lombrices? Habla sobre lo que observas.

Haz un comedero de aves

1. Unta mantequilla de cacahuate en un cono.

2. Rueda el cono en alpiste.

3. Cuelga el cono con hilo afuera.

4. Observa las aves que se comen las semillas.

Un bosque tropical en un frasco

1. Pon guijarros, tierra y plantas en un frasco.

2. Riega las plantas. Tapa el frasco.

3. Pon el frasco donde le dé un poco de Sol.

4. Espera un día. Observa. ¿En qué se parece esto a un bosque tropical?

Tallos que almacenan agua

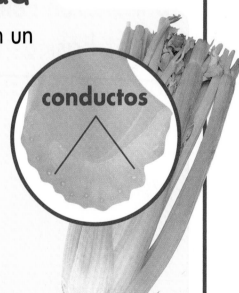

conductos

1. Observa los conductos o los puntitos en un tallo de apio cortado.

2. Coloca el tallo en un vaso vacío. Colócalo en el sol hasta que se caiga.

3. Agrégale agua al vaso. Ponlo en la nevera. Al día siguiente, di lo que sucedió y por qué.

REDACCIÓN

Tarjeta inesperada

Dobla una hoja de papel. En la parte de afuera escribe una pregunta de un lugar. Adentro, da una ¡respuesta inesperada!

Lectura

Los animales nocturnos
por Sharon Peters

Datos básicos sobre los animales, los reptiles, las nubes y las semillas. Habla sobre lo que descubras.

CENTRO DE COMPUTACIÓN
Visita *The Learning Site* en
www.harcourtschool.com/science/spanish

Nuestra Tierra

Ciencias de la Tierra

Nuestra Tierra

Proyecto de la unidad

En la tierra y en el mar

Haz un mural. Muestra la tierra, el aire, el agua y cómo las personas usan estas cosas.

La superficie de la Tierra

Vocabulario

arena

roca

suelo

textura

¿Lo sabías?
Los ciempiés tienen hasta 100 pares de patas para aferrarse al **suelo** .

¿Lo sabías?

La tiza es una **roca** hecha de huesos de animalitos marinos.

¿Qué observamos de las rocas?

Investigación

Maneras de clasificar las rocas

Materiales

lupa

rocas diferentes

papel y lápiz

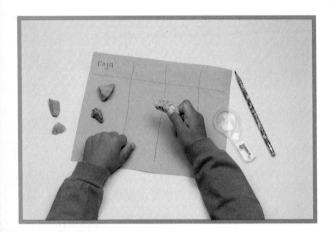

Rocas			
Rojas			

1 Observa cada roca con la lupa. Toca cada roca. Escribe palabras que indiquen cómo se ven y se sienten las rocas.

2 Haz una tabla. Clasifica tus rocas en la tabla.

Destrezas de ciencias

Cuando clasificas tus rocas, las agrupas según las cosas que tengan en común.

Las rocas

Una **roca** es algo no vivo y duro que proviene de la Tierra. Hay muchos tipos de rocas. Las personas usan las rocas de maneras diferentes.

Tipos diferentes de rocas

Algunas rocas son grandes y algunas son pequeñas. La **arena** son pedacitos de roca. Las rocas pueden ser de colores diferentes. Algunas rocas son lisas y otras son ásperas.

arena

cuarcita

lava

obsidiana

mármol

piedra caliza

■ ¿En qué se parecen estas rocas? ¿En qué se diferencian?

Las personas usan rocas para construir casas y paredes. Derriten arena para hacer vidrio.

■ **¿Cómo usaron las rocas estas personas?**

Piénsalo

1. ¿Qué son las rocas?

2. ¿De qué maneras usan las rocas las personas?

¿Qué es el suelo?

Observar la tierra

Materiales

tierra

plato de papel

lupa

papel y lápiz

La tierra		
Se ve	Huele	Se siente

1 Haz una tabla como ésta. Luego observa la tierra con una lupa. Mueve la tierra.

2 Huele y toca la tierra. Piensa en palabras que la describen.

3 Haz dibujos y escribe palabras que describan la tierra.

Destrezas de ciencias

Cuando observas la tierra, usas tus sentidos para descubrir cómo se ve, cómo huele y cómo se siente.

El suelo

El **suelo** de la Tierra está formado de rocas diminutas. A veces, al suelo también lo llamamos tierra. El suelo tiene pedacitos de plantas y animales muertos. El suelo también tiene aire y agua.

Todos los seres vivos usan la tierra

Las plantas necesitan tierra para vivir. La tierra tiene el agua que las plantas necesitan. Los pedacitos de plantas y animales muertos que están en la tierra la enriquecen.

semillas de soya

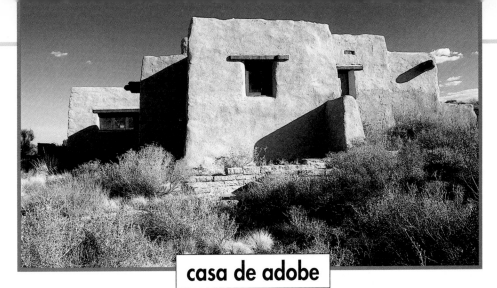

casa de adobe

Las personas usan la tierra de diferentes maneras. Los agricultores usan la tierra para cultivar alimentos. Los constructores mezclan tierra, agua y pajilla para hacer ladrillos.

Algunos gusanos e insectos viven en la tierra. Muchos otros animales usan la tierra para hacer refugios.

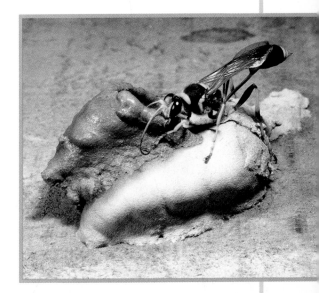

■ **¿Cómo crees que este insecto usa la tierra?**

Piénsalo

1. ¿De qué está hecha la tierra?

2. ¿De qué maneras usan la tierra las plantas y los animales?

¿Cómo se comparan los tipos de suelo?

Investigación

Cómo se comparan los suelos

Materiales

lupa

3 tipos de suelo

plato de papel

cuchara

1 Observa cada tipo de suelo. ¿Cómo huele y cómo se siente?

2 Pon un poco de cada uno en el plato. Usa la lupa para observar.

3 Compara los tres tipos de suelo y comenta con tus compañeros.

Destrezas de ciencias
Cuando comparas suelos, indicas en qué se parecen y en qué se diferencian.

Suelos diferentes

Hay suelos diferentes. Cada uno tiene una mezcla diferente de rocas y pedacitos de plantas y animales. La **textura** del suelo es la manera como se siente.

tierra

suelo arcilloso

suelo arenoso

En qué se diferencian los suelos

La tierra es color café. Tiene muchos pedacitos de plantas y animales muertos. La tierra se compacta cuando se aprieta. Puede retener agua.

tierra

El suelo arcilloso puede ser amarillo, rojo o café. Se siente pegajoso y se compacta cuando se aprieta. El suelo arcilloso puede retener mucha agua.

suelo arcilloso

A menudo, el suelo arenoso es café claro. La arena que contiene lo hace sentir áspero. No se compacta mucho cuando se aprieta. Tampoco retiene bien el agua.

suelo arenoso

Piénsalo

1. ¿Cuáles son algunos tipos diferentes de suelos?

2. ¿Cuáles son algunas maneras en que se diferencian los suelos?

 Estudios sociales/Profesiones

Un geólogo observa las rocas

Florence Bascom fue la primera mujer americana en convertirse en geóloga. Un geólogo es una persona que estudia las rocas.

En verano, Florence Bascom coleccionaba rocas. En invierno, ella las estudiaba y escribía sobre ellas.

Piensa y practica

Reúne algunas rocas. Lee libros para investigarlas. Luego haz una exhibición que les comunique a los demás lo que aprendiste.

Medir la masa

Hace mucho tiempo, las personas usaban las rocas para medir la masa. Ponían un objeto en un lado de la balanza. Agregaban rocas en el otro lado hasta que ambos lados estaban equilibrados. El número de rocas indicaba la masa del objeto.

Su bebé pesa 2 rocas.

Piensa y practica

Reúne algunas rocas que sean más o menos del mismo tamaño. Usa una balanza para medir la masa de algunos objetos.

Di lo que sabes

1. Mira las ilustraciones. Di lo que sabes sobre cada tipo de suelo.

Vocabulario

Di qué ilustración va con cada palabra.

2. arena

3. roca

4. suelo

5. textura

a.

b.

c.

d.

Uso de las destrezas de ciencias

6. Clasificar Busca dos tipos de suelo donde vives. Pon cada tipo en una bolsa pequeña. Luego haz una tabla como ésta. Pega las bolsas a tu tabla. Rotula cada bolsa con *tierra, suelo arcilloso* o *suelo arenoso*.

Tipos de suelo donde yo vivo			
Tipo de suelo	Color	Cómo se siente	Cómo huele
tierra			
suelo arcilloso			

7. Comparar Los científicos comparan la dureza de las rocas. Tú también puedes hacerlo. Busca diferentes rocas. Usa un clavo para rayar cada una. Las rocas suaves se rayan fácilmente. Las rocas más duras no se pueden rayar.

¿Cuál roca es la más dura? ¿Cuál es la más suave? Di cómo lo sabes.

CAPÍTULO 2

El aire y el agua de la Tierra

Vocabulario

aire

agua dulce

arroyo

río

lago

agua salada

¿Lo sabías?

El **lago** más grande del mundo está en América del Norte.

¿Lo sabías?
Puedes mover el **aire** de un envase a otro debajo del agua.

¿Dónde está el aire en la Tierra?

Investigación

Aire en una bolsa

Materiales

bolsa de plástico

1 Acerca una bolsa abierta hacia ti. Luego mantén cerrada la parte superior de la bolsa.

2 Aprieta la bolsa. ¿Qué observas? Abre un hueco en la bolsa.

3 ¿Qué había en la bolsa? ¿Cómo infieres eso?

Destrezas de ciencias
Cuando infieres, usas lo que observas y sabes para hacer buenas conjeturas.

Dónde está el aire

El **aire** es algo que las personas no pueden ver, saborear u oler. Aún así, el aire está en todas partes.

■ ¿Qué eleva a esta cometa en esta ilustración?

El aire está en todas partes

Tú no puedes ver el aire, pero puedes ver lo que hace. El aire puede soplar las hojas de los árboles.

Tú puedes sentir el aire cuando te pega en la piel. Puedes sentir el aire moverse por tu nariz y dentro de tu cuerpo.

■ ¿Cómo sabes que el aire está en estas ilustraciones?

El aire está en el suelo debajo de tus pies. También está en el agua que bebes.

El aire está en los arroyos, ríos, lagos y océanos de la Tierra. La mayoría de las plantas y los animales de la Tierra necesitan aire para vivir.

Piénsalo

1. ¿Cómo sabes dónde está el aire?

2. ¿Dónde está el aire?

¿Dónde se halla el agua dulce?

Convertir el agua salada en agua dulce

Materiales

elástico

balde y tierra

canicas y papel de plástico

2 vasos

1 Mezcla un poco de sal en agua. Prueba el agua. Vierte el agua en el balde. Bota los vasos usados.

2 Pon otro vaso en el fondo del balde. Tápalo. Pon canicas encima.

3 Coloca el balde donde le dé el sol. Saca el vaso. Prueba el agua. Saca una conclusión.

Destrezas de ciencias

Para sacar una conclusión, piensa en lo que observaste y lo que sabes sobre el agua.

Agua Dulce

El agua que no es salada se llama **agua dulce**. La lluvia es agua dulce. La lluvia forma charcos o pozas en la tierra.

arroyo

De dónde proviene el agua dulce

La lluvia y la nieve derretida bajan por las montañas. Pueden formar un **arroyo**, una pequeña masa de agua en movimiento.

El arroyo puede desembocar en un **río**, una masa más grande de agua en movimiento. El río desemboca en un lago. Un **lago** es una masa de agua rodeada de tierra.

río

lago

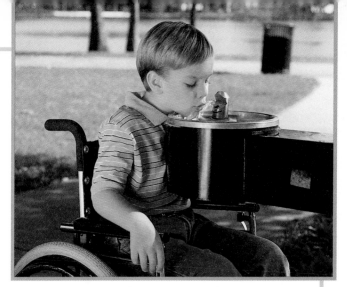

Las personas necesitan agua dulce para beber, cocinar y lavar.

Verificador de agua

El agua de los lagos y ríos es pura. Las personas pueden beberla. Un verificador de agua comprueba la pureza del agua. El agua pura fluye por las tuberías a las casas de las personas.

Piénsalo

1. ¿Qué es agua dulce?
2. ¿Dónde hallamos agua dulce?

¿Dónde se halla el agua salada?

La sal y el agua salada

Materiales

lupa   sal y cuchara   vaso con agua   plato

1 Observa la sal en un plato. Haz un dibujo o escribe algo sobre esto.

2 Revuelve la sal en el agua hasta que no puedas verla. Escribe sobre esto.

3 Pon un poco de agua con sal en el plato. Déjala allí toda la noche. Observa lo que está en el plato.

Destrezas de ciencias

Cuando te comunicas, tú usas lo que escribes para comunicar a los demás lo que observaste.

El agua salada

El agua que tiene sal se llama **agua salada**. Ésta sabe y huele a sal. El agua de los océanos es salada.

Dónde está el agua salada

El agua salada está en los océanos, los cuales cubren la mayor parte de la Tierra. El agua salada también se encuentra en algunos ríos que desembocan en los océanos. Unos cuantos lagos también tienen agua salada.

■ **¿Qué parte de la Tierra se ve azul desde el espacio?**

Cómo se usa el agua salada

En algunos lugares, las personas le sacan la sal al agua del océano. Así tienen agua dulce para usar. Pueden usar la sal en su comida.

Piénsalo

1. ¿Qué es agua salada?
2. ¿Dónde está el agua salada en la Tierra?

Literatura

El agua
por Pierre-Marie Valat y Gallimard Jeunesse

En este libro se estudia el ciclo del agua, el uso del agua y su importancia para los seres humanos y los animales.

Pide a alguien que te lea *El agua*. Comenta lo que aprendas acerca del tema.

Piensa y practica

Haz un charco en un plato plástico. Ponlo donde le dé la luz solar durante varios días. Observa lo que sucede.

¿Qué parte de la Tierra es agua?

Los océanos cubren la mayor parte de la Tierra. Es más, los océanos cubren más de tres cuartas partes del planeta.

Piensa y practica

Usa un plato de papel para mostrar qué parte de la Tierra cubren los océanos.

1. Dobla un plato de papel por la mitad.

2. Dobla el plato por la mitad otra vez en otra dirección. Vas a tener cuatro partes llamadas cuartos.

3. Colorea de azul tres de las cuatro partes.

4. Colorea de café un cuarto.

Di lo que sabes

1. Di lo que sabes sobre cada ilustración.

Vocabulario

Di qué ilustración va con la(s) palabra(s).

2. aire

3. agua dulce

4. arroyo

5. río

6. lago

7. agua salada

a.   **b.**   **c.**

d.   **e.**   **f.**

Uso de las destrezas de ciencias

8. **Inferir** Sostén un vaso boca abajo. Sumérgelo en el agua. Inclínalo hacia un lado. Observa. Infiere lo que había en el vaso.

9. **Comunicar** Busca un vaso con agua dulce y uno con agua salada. Pon unas gotas de cada tipo en hielo. ¿Qué sucede?

Haz una tabla. Di en qué se diferencian el agua dulce y el agua salada. Comunica a tus compañeros de clase lo que descubriste.

El agua dulce y el agua salada son diferentes		
	Agua dulce	Agua salada
¿Cómo se ve?		
¿Cómo sabe?		
¿Qué le hace al hielo?		

Observa las capas del suelo

1. Pon tierra en un frasco.

2. Llena el frasco con agua.

3. Tápalo bien.

4. Espera que la tierra se asiente. Dibuja lo que observas.

Clave de los suelos

1. Dobla una tarjeta en cuatro partes. Recorta un agujero en la mitad.

2. Colorea cada parte de negro, café, anaranjado amarillento o café anaranjado.

3. Pon la tarjeta encima de un poco de tierra cerca de tu casa. ¿Qué color parece?

4. Los suelos café y negro son buenos para sembrar plantas. Habla de tu suelo.

¿Cuánto aire hay cuando exhalamos?

1. Respira profundo.

2. Expira soplando un globo.

3. Con tus dedos, mantén cerrado el extremo del globo. Observa cuánto aire expiras.

4. Compara cuánto se llena un globo cuando un compañero o un familiar expira en el globo.

Visita una ribera

1. Con tus compañeros de clase o tus familiares, visita una ribera.

2. Observa el suelo. Excava.

3. Haz dibujos de cualquier concha, roca, planta o animal que observes.

4. Comparte tus dibujos.

Redacción

Libro de la Tierra Haz un libro que tenga la forma de la Tierra. En cada página, di una manera en que usamos el aire, el agua, las rocas o el suelo.

Lectura

El agua
por Pierre-Marie Valat y Gallimard Jeunesse
Lee sobre el ciclo del agua, sus usos y para qué la utilizamos. Comparte tus ideas.

Centro de computación
Visita *The Learning Site* en
www.harcourtschool.com/science/spanish

El clima y las estaciones

Ciencias de la Tierra

El clima y las estaciones

Proyecto de la unidad

Las cuatro estaciones

Haz un móvil para cada estación. Muestra las plantas, los animales, el clima y la ropa.

CAPÍTULO

1

Medir el clima

Vocabulario

clima

temperatura

termómetro

viento

vapor de agua

evaporar

condensar

ciclo del agua

¿Lo sabías?

No tiene que haber **clima** lluvioso para que hayan relámpagos.

¿Lo sabías?

Un velero de tierra puede ir a más de 100 millas por hora en el **viento**.

LECCIÓN 1

¿Qué es el clima?

Investigación

Condiciones del clima

Materiales

papel   marcadores

1 Observa los cambios en el clima.

2 Dibuja o escribe lo que observas.

3 Compara las observaciones con un compañero de clases. Agrega tu hoja a un libro de la clase.

Destrezas de ciencias

Cuando comparas las cosas que observaste, di en qué se parecen y en qué se diferencian.

Clima

Afuera puede hacer frío o calor. Puede estar soleado, nublado o lluvioso. Todas estas palabras nos hablan sobre el clima. El **clima** es como está el aire afuera.

tiempo lluvioso

Tipos diferentes de clima

Cuando el aire cambia afuera, el clima también. El clima puede ser cálido un día y frío al día siguiente.

Un día puede ser nublado y lluvioso. El día siguiente puede ser claro y soleado. Un día puede hacer mucho viento. Otro día puede estar muy calmado.

■ ¿En qué se diferencian estos tipos de clima?

meteorólogo

A las personas les gusta saber cómo estará el tiempo. Ellos revisan los reportes del tiempo que hace un meteorólogo. Un meteorólogo es un científico que estudia el clima.

Piénsalo

1. ¿Qué es el clima?
2. ¿Cómo puede cambiar el clima de un día para otro?

¿Qué es la temperatura?

Medir la temperatura del aire

Materiales

| termómetro | papel y lápiz | creyón rojo |

1 Dibuja y rotula dos termómetros.

2 Mide y anota la temperatura del aire en el salón de clases.

3 Pon el termómetro afuera durante 5 minutos. Mide y anota la temperatura del aire.

4 Compara las temperaturas.

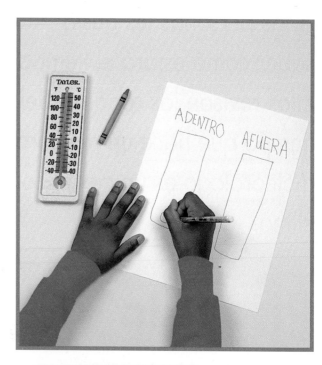

Destrezas de ciencias

Para medir la temperatura con un termómetro, lee el número que está al lado de la línea roja.

Temperatura

La **temperatura** es medir qué tan caliente o frío está algo. La temperatura se mide con un instrumento llamado **termómetro**.

termómetro

■ ¿Cuál es la temperatura en el termómetro?

Temperaturas diferentes

La temperatura del aire cambia de un día para otro. También cambia a medida que cambian las estaciones. Algunas veces está tan baja, que el agua se congela. Algunas veces está tan alta, que una paleta se derrite.

■ **¿Cómo cambia la temperatura en estas ilustraciones?**

La temperatura del aire también puede cambiar durante el día. Durante el día, el Sol calienta el aire. La temperatura sube.

En la noche, el Sol no calienta el aire. La temperatura baja y el aire se siente más frío.

día

tarde

■ **¿En qué se diferencian las temperaturas aquí? ¿Por qué?**

Piénsalo

1. ¿Qué es un termómetro? ¿Cómo lo usas?
2. ¿Qué es la temperatura? ¿Cómo cambia?

¿Qué es el viento?

Investigación

La dirección del viento

Materiales

pajita   palillo de dientes   triángulo de papel    cinta adhesiva

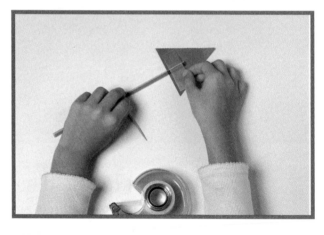

1 Haz una veleta. Mete el palillo de dientes en la pajita.

 CUIDADO Ten cuidado. Los palillos de dientes son puntiagudos.

2 Pega el triángulo de papel a la pajita.

3 Observa la dirección del viento durante dos días ventosos.

Destrezas de ciencias
Para observar la dirección del viento, verifica en qué dirección apunta el triángulo.

El viento

El aire que se mueve se llama **viento**.
El viento puede empujar las cosas. Puede
empujar un velero por un lago o soplar
una veleta.

veleta

Diferentes tipos de viento

Algunas veces el viento sopla suavemente. Algunas veces sopla fuertemente.

Una bandera puede mostrar lo fuerte que sopla el viento. La bandera se ondea cuando el viento sopla suavemente. Cuando sopla fuertemente, la bandera se mantiene extendida en una dirección.

| sin viento | viento suave | viento moderado | viento fuerte |

■ ¿Cómo muestra una bandera lo fuerte que sopla el viento?

Los vientos fuertes hacen girar los molinos para producir electricidad. Algunas veces el viento puede ser muy fuerte. Los vientos fuertes de un tornado pueden destrozar edificios.

Piénsalo

1. ¿Qué es el viento?
2. ¿Cuáles son algunos de los diferentes tipos de vientos?

¿Qué forman las nubes y la lluvia?

 Investigación

Cómo se forman las nubes

Materiales

 frasco con tapa

 agua caliente

 cubos de hielo

1 Vierte agua caliente en un frasco. Espera. Vierte la mayor parte del agua.

CUIDADO Ten cuidado. El agua está muy caliente.

2 Pon la tapa al revés sobre el frasco. Observa el frasco.

3 Pon cubos de hielo sobre la tapa. Observa. Infiere cómo se forman las nubes.

Destrezas de ciencias
Para deducir, observa primero. Luego piensa sobre lo que sucedió y saca una conclusión.

Las nubes y la lluvia

Las nubes están formadas por muchas gotas pequeñas de agua. Las gotas se pueden unir y ponerse más pesadas. Cuando las gotas se ponen demasiado pesadas, caen en forma de lluvia.

El ciclo del agua

El agua va desde la Tierra hasta el cielo y regresa en el **ciclo del agua** .

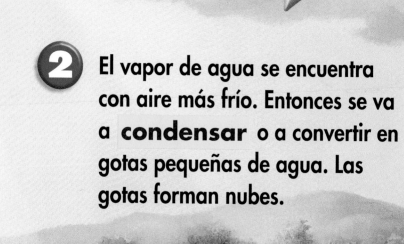

2 El vapor de agua se encuentra con aire más frío. Entonces se va a **condensar** o a convertir en gotas pequeñas de agua. Las gotas forman nubes.

1 El Sol calienta el agua y el aire. El agua se va a **evaporar** o a convertir en vapor de agua.

El **vapor de agua** es agua que no puedes ver en el aire.

3 Las gotas de agua se unen y se hacen más pesadas. Caen a la Tierra en forma de lluvia, granizo, aguanieve o nieve.

Piénsalo

1. ¿Cómo se forman las nubes?
2. ¿Cómo se forma la lluvia?

Matemáticas

Medir la temperatura del aire

lunes

martes

En algunos lugares, la temperatura del aire cambia bastante de un día a otro. En otros lugares cambia muy poco.

Cambios de temperatura	
Día de la semana	Grados Fahrenheit
lunes	60
martes	40
miércoles	

Piensa y practica

Usa un termómetro. Mide y anota la temperatura cada día. Di sobre los cambios de temperatura.

Dichos sobre el clima

Hace mucho tiempo, los marineros buscaban patrones para predecir el clima. Éste es uno de sus dichos.

Si el cielo está rojo al anochecer, los marineros duermen bien. Si el cielo está rojo al amanecer, en alerta se van a poner.

Los marineros observaban que un atardecer rojo, a menudo sucede antes de un día soleado. Un amanecer rojo, a menudo sucede antes de un día lluvioso.

Piensa y practica

Observa el clima durante una semana. Busca patrones. Inventa un dicho sobre un patrón que observes.

CAPÍTULO 1 REPASO

Di lo que sabes

1. Di lo que sabes del diagrama. Usa las palabras *ciclo del agua, vapor de agua, evaporar* y *condensar.*

Vocabulario

Usa cada palabra para hablar de la ilustración.

2.

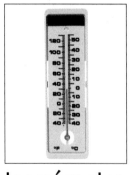

clima

3.

temperatura

4.

termómetro

5.

viento

Uso de las destrezas de ciencias

6. **Comparar** Haz una tabla del clima. Observa y compara el clima en la mañana y en la tarde. Di sobre los cambios.

Clima de hoy		
	Mañana	Tarde
Cómo se ve		
Cómo se oye		
Cómo se siente		
Cómo huele		

7. **Observar** Recopila o haz dibujos de nubes. Rotula cada ilustración.

Escribe una oración que diga cómo se ve cada nube. Di qué clima podrías tener con esa nube.

Las estaciones

Vocabulario

estación

primavera

verano

otoño

invierno

¿Lo sabías?
Muchas partes del mundo tienen cuatro estaciones pero el bosque tropical sólo tiene una estación.

¿Lo sabías?
Cuando es **verano** en América del Norte, es **invierno** en América del Sur.

¿Qué es la primavera?

 Investigación

Qué ayuda a que broten las semillas

Materiales

4 semillas de frijoles

2 tazas y agua

botella de rociar

toallas de papel

lupa

1 Pon una toalla de papel húmeda en cada vaso. Agrega dos semillas en cada uno. Rotula los vasos *invierno* y *primavera*.

2 Pon el vaso *invierno* en un lugar frío y oscuro. Pon el vaso *primavera* en un lugar cálido y oscuro.

3 Observa las semillas con la lupa 3 días después.

> **Destrezas de ciencias**
> Para deducir, primero observa y luego piensa sobre lo que ves.

Primavera

La **primavera** es la estación que sigue después del invierno. Una **estación** es una época del año. En primavera, hay más horas de luz durante el día. El aire se hace más cálido. Caen las lluvias de primavera.

primavera   verano   otoño   invierno

Las plantas y los animales en primavera

El aire más caliente, más luz durante el día y las lluvias de primavera ayudan a crecer a las plantas. Para los agricultores, la primavera es una buena época para sembrar las semillas.

■ ¿Cómo la primavera ayuda a crecer a estas plantas?

■ **¿Cuáles son las crías?**

Las crías de muchos animales nacen en primavera. Las aves construyen sus nidos y ponen huevos. Nacen los corderos y otros animales. Las plantas que crecen son el alimento para muchos animales jóvenes.

Piénsalo

1. ¿Qué es una estación?
2. ¿Qué es la primavera?

¿Qué es el verano?

Colores que te mantienen fresco

Materiales

4 termómetros

4 hojas de colores

engrapadora

reloj

1 Dobla y engrapa 4 hojas de colores para hacer mangas. Pon un termómetro en cada una. Colócalas en el sol.

2 Anota las temperaturas iniciales para cada una.

3 Espera 30 minutos. Anota las temperaturas otra vez. Ordénalas desde la más caliente a la más fría.

> ### Destrezas de ciencias
> Para ordenar los colores, comienza con el que tenga la temperatura más caliente y termina con el que tenga la más fría.

Aprende

Verano

El **verano** es la estación que sigue después de la primavera. El verano es el que tiene la mayor cantidad de horas de luz solar de las estaciones. En muchos lugares el aire se vuelve caliente.

primavera

verano

otoño

invierno

Las plantas y los animales en verano

En verano, la gran cantidad de luz solar ayuda a que le salgan hojas y flores a las plantas. Después comienzan las frutas a formarse y a crecer.

■ ¿Qué obtienen estas plantas en verano que las ayuda a que las frutas crezcan?

En verano, los animales jóvenes comen y crecen. Los caballos jóvenes llamados potros, se hacen fuertes y rápidos.

Las aves jóvenes pierden sus primeras plumas. Comienzan a parecerse a los adultos.

Piénsalo

1. ¿Qué es verano?
2. ¿En qué se diferencia el verano de la primavera?

¿Qué es el otoño?

Investigación

Guardar manzanas

Materiales

aros de manzana

cuerda

bolsa de plástico

papel y lápiz

1 Pon algunos aros de manzana en una bolsa de plástico. Ponlos en un estante.

2 Cuelga los otros aros de manzana con la cuerda. No dejes que se toquen.

3 Predice y anota lo que sucederá.

4 Espera una semana. Anota.

Destrezas de ciencias

Para predecir la mejor manera de guardar los aros de manzana, usa lo que sabes sobre los alimentos. Luego decide.

Otoño

La estación que sigue después del verano es el **otoño**. En otoño, hay menos horas de luz solar. El aire se enfría. En algunos lugares las hojas cambian de color y se caen.

primavera | verano | otoño | invierno

Las plantas y los animales en otoño

En otoño, las plantas reciben menos luz solar y dejan de crecer. Producen semillas que brotarán la siguiente primavera. Las frutas y los vegetales están listos para ser recogidos.

■ ¿Qué hizo que estas plantas dejaran de crecer?

Cuando las plantas dejan de crecer, los animales tienen menos alimento. Algunos animales se van a lugares donde hay más alimento. Otros, guardan alimento para tener algo que comer en invierno.

Piénsalo

1. ¿Qué es el otoño?

2. ¿En qué se diferencia el otoño del verano?

¿Qué es el invierno?

Mantenerse abrigados en clima frío

Materiales

bolsa de plástico

recipiente con agua fría

cosas para mantener tu mano caliente

1 Pon la bolsa en tu mano. Luego pon tu mano en el agua fría. ¿La bolsa mantiene tu mano caliente?

2 ¿Qué podrías poner en la bolsa para mantener tu mano caliente? Elige algunas cosas para probar.

3 Investiga tus ideas al probarlas. ¿Cuál funciona mejor?

Destrezas de ciencias
Para hallar cómo mantener tu mano caliente, investiga cada una de tus ideas.

Invierno

El **invierno** es la estación que sigue después del otoño. Hay menos horas de luz solar que en otoño. En muchos lugares, el aire se enfría y cae nieve.

primavera   verano   otoño   invierno

Las plantas y los animales en invierno

En invierno, los días no tienen muchas horas de luz solar. Las ramas de muchos árboles están al descubierto.

Algunas plantas están descansando. Algunas plantas que produjeron semillas, ahora están muertas.

Los animales no pueden hallar mucho alimento donde los inviernos son fríos. Algunos comen la comida que guardan en el otoño.

■ **¿Cómo satisfacen sus necesidades de alimento estos animales en invierno?**

Piénsalo

1. ¿Qué es el invierno?
2. ¿De qué maneras viven los animales en invierno?

Arte

Un fotógrafo observa las estaciones

Ansel Adams era un fotógrafo. Cada estación, tomaba fotos de sus lugares favoritos. Sus fotos nos ayudan a ver la belleza de las estaciones.

otoño

invierno

Piensa y practica

Piensa en tu lugar favorito. Haz dibujos para mostrarlos en diferentes estaciones. Rotula cada ilustración con la estación que muestra.

 **Matemáticas**

Leer una gráfica

En una parte del norte de California, algunas estaciones son húmedas y algunas son secas. Esta gráfica muestra cuántas pulgadas de lluvia aproximadamente cayeron en cada estación.

Cuántas pulgadas de lluvia											
Invierno											
Primavera											
Verano											
Otoño											

1　2　3　4　5　6　7　8　9　10　11

Piensa y practica

Observa la gráfica de barras. ¿Qué estación es la más húmeda en el norte de California? ¿Cuál es la más seca?

Di lo que sabes

1. Di lo que sabes sobre las ilustraciones.
Usa la palabra *primavera, verano, otoño*
o *invierno* para decir de cada una.

Vocabulario

Usa cada palabra para hablar de la ilustración.

2.

estación

3.

primavera

4.

verano

5.

otoño

6.

invierno

Uso de las destrezas de ciencias

7. Ordenar Usa cuatro hojas de papel. En cada una, escribe el nombre de una de las estaciones. Luego dibuja la ropa que usarías. Pon tus hojas en orden comenzando con verano.

8. Predecir e investigar Observa los colores de estas camisetas. Predice qué color permanecerá más fresca en el Sol. Escribe tu predicción. Usa cualquier papel de colores para investigar tu idea.

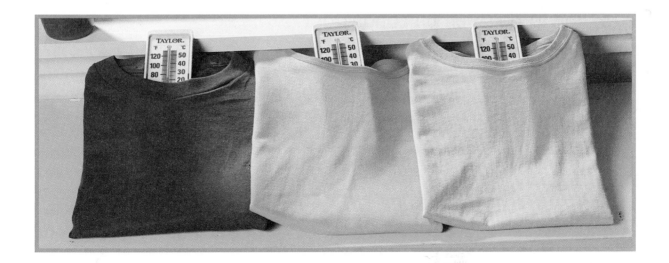

Hacer una veleta

Pon una vela de papel sobre un carro de juguete. Sóplala para hacer mover el carro. ¿Qué podrías hacer para hacer una vela mejor? Prueba tus ideas.

Vapor de agua

1. Con un adulto presente, sopla adentro de una bolsa de plástico pequeña.

2. Observa las gotas de agua adentro. Ellas provienen del vapor de agua de tu respiración.

3. Pon la bolsa en un congelador por cinco minutos. Di lo que sucede.

4. Pon la bolsa donde le dé el Sol durante cinco minutos. Di lo que sucede.

Hacer un cartel de las cuatro estaciones

Dobla una hoja de papel en cuatro partes. Rotula cada parte para una estación. Agrega ilustraciones de cosas que te gustan hacer en cada estación. Habla sobre tu cartel.

Hallar estaciones en un armario

¿Qué ropa usan las personas donde vives en diferentes épocas del año? Haz una lluvia de ideas. Escribe una lista que muestre por lo menos dos cosas para cada estación.

Redacción

Datos de solapa

Haz un libro de solapas sobre las estaciones. Debajo de cada solapa, di una cosa de esa estación.

Lectura

Y hoy… ¿qué tiempo hará?
por Paul Rogers

Lee sobre cómo al comienzo de cada día, todos los animales se preguntan cómo estará el tiempo, cálido, frío, ventoso, tempestuoso o nublado. Habla sobre cómo cambia el clima.

Centro de computación
Visita **The Learning Site** en
www.harcourtschool.com/science/spanish

La materia y la energía

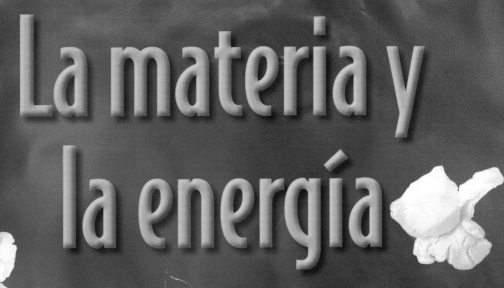

Unidad E

Ciencias físicas

La materia y la energía

PROYECTO DE LA UNIDAD

¡Que empiece la función!

Practica cómo formar figuras de sombras. Da una exhibición de las figuras sobre el calor y la luz.

CAPÍTULO 1

Investigar la materia

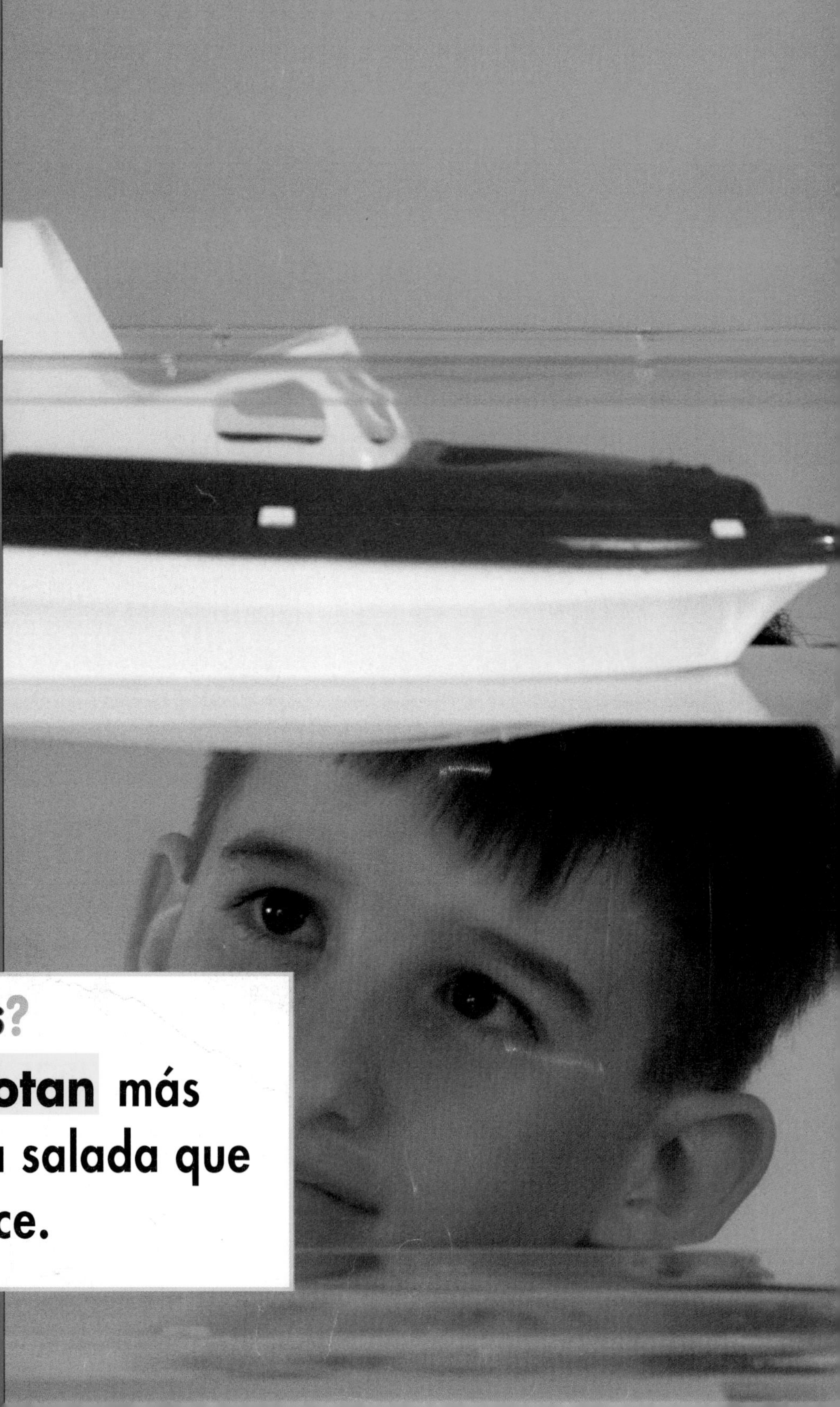

Vocabulario

sólido
materia
líquido
flotar
hundir
gas
cambio
mecánico

¿Lo sabías?

Los botes **flotan** más alto en agua salada que en agua dulce.

¿Lo sabías?

Algunos líquidos se **hunden** en otros líquidos.

E3

¿Qué podemos observar sobre los sólidos?

Investigación

Objetos sólidos

Materiales

objetos

papel y lápiz

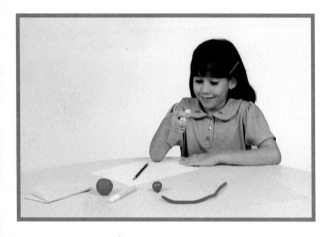

1 Observa cada objeto.

2 Compara los tamaños, las formas y los colores de los objetos.

3 Piensa en tres maneras de clasificar los objetos. Dibújalas o escríbelas en tu hoja.

Destrezas de ciencias

Para clasificar los objetos, busca las maneras en que se parezcan y agrúpalos.

E4

La materia y los sólidos

Todo lo que te rodea es **materia**. Los juguetes y los bloques son materia. ¡Tú también!

■ ¿Qué materia ves?

Observar sólidos

Alguna materia es un sólido. Un **sólido** es materia que mantiene su forma. Mantiene su forma aún cuando se mueve.

■ ¿Cómo sabes que estos juguetes son sólidos?

Clasificar sólidos

Puedes clasificar sólidos de muchas maneras.
Puedes clasificar los juguetes por color. Esta
gráfica muestra cuántos juguetes de cada
color hay.

verde					
amarillo					
rojo					
azul					

■ **¿De qué otras maneras podrías
clasificar los juguetes que están en
la caja de juguetes?**

Piénsalo

1. ¿Qué es la materia?

2. ¿Qué es un sólido?

¿Qué podemos observar sobre los líquidos?

 Investigación

Líquidos en botellas

Materiales

3 recipientes

taza de medir

papel y lápiz

1 Dibuja la forma del agua en cada recipiente.

2 ¿Qué recipiente crees que tiene más agua?

3 Mide el agua. Escribe un número para cada recipiente. Usa los números para decir lo que descubriste.

Destrezas de ciencias

Tú puedes escribir números cuando mides. Usa los números para comparar las cosas que mediste.

Líquidos

La materia que fluye se llama **líquido**. Un líquido no tiene forma propia. Éste toma la forma del recipiente donde lo viertes.

Observar líquidos

Algunos líquidos, como el agua no son espesos. Otros son espesos. Algunos líquidos se mezclan con el agua. Algunos, como el aceite no se mezclan con el agua.

Los líquidos que no son espesos fluyen rápidamente. Los líquidos espesos fluyen despacio. Sobre esta bandeja fluye jabón de lavaplatos, miel y jugo.

¿ Cuál líquido fluye más rápido?	
Líquido	Tiempo
jabón	9 segundos
miel	47 segundos
jugo	1 segundo

■ Lee la tabla. ¿Qué líquido fluye más rápido?

Piénsalo

1. ¿Qué es un líquido?
2. ¿Qué podemos observar sobre los líquidos?

¿Qué objetos se hunden o flotan?

 Investigación

Figuras que se hunden o flotan

Materiales

pelota de plastilina

acuario con agua

papel y lápiz

1 Recopila datos sobre figuras que se hunden o flotan. Pon la pelota de plastilina en el agua.

2 Anota los datos sobre lo que sucede.

3 Convierte la plastilina en figuras diferentes. ¿Se hunden o flotan? Anota.

Destrezas de ciencias
Cuando recopilas datos, observas cosas. Cuando anotas datos, escribes y dibujas lo que observas.

Objetos que se hunden o flotan

Algunos objetos **flotan** o permanecen encima de un líquido. Otros se **hunden** o van al fondo de un líquido. Tú puedes cambiar la forma de algunos objetos para que floten o se hundan.

Lo que flota y lo que se hunde

Algunos objetos tienen formas que los ayudan a flotar. Otros tienen formas que los hacen hundir.

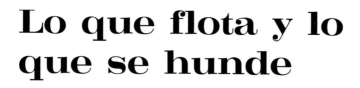

No siempre puedes saber qué objetos flotarán. Debes probarlos para descubrirlo.

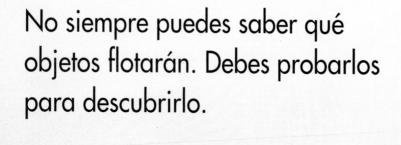

Puedes agrupar los objetos como los que flotan o los que se hunden. ¿Qué objetos de los que están aquí pondrías en estos dos grupos? ¿Por qué?

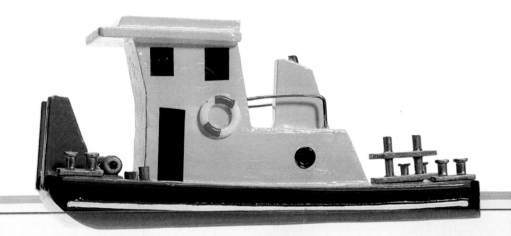

Piénsalo

1. ¿Qué significan *flotar* y *hundirse*?

2. ¿Qué ayuda a que un objeto se hunda o flote?

¿Qué podemos observar sobre los gases?

Investigación

Aire en una botella

Materiales

globo

botella de refresco de plástico

1 Aprieta la botella para observar el aire. Sopla el globo. Siente el aire que sale.

2 Pon el globo dentro de la botella. Hala el extremo del globo por el pico.

3 Trata de soplar el globo. ¿Qué más hay en la botella? Saca una conclusión.

Destrezas de ciencias
Para sacar una conclusión sobre lo que sucedió, piensa sobre lo que observaste.

Gases

Los gases son materia. Un **gas** no tiene forma propia. Se esparce para llenar el recipiente y tomar su forma.

Observar los gases

Los gases te rodean. El aire está compuesto de gases diferentes. Tú no puedes ver la mayoría de los gases pero puedes ver lo que hacen.

Un gas llena el espacio dentro de un globo. Un ventilador hace que el aire sople tu cabello.

Algunos gases, como el gas en este refresco, se puede mezclar con agua. Tú puedes ver las burbujas en el refresco a medida que sale el gas.

Al igual que toda la materia, los gases ocupan espacio. El aire ocupa espacio en este vaso para que no pueda entrar el agua.

Piénsalo

1. ¿Qué son los gases?
2. ¿Qué podemos observar sobre los gases?

¿Cómo podemos cambiar los objetos?

 Investigación

Cambiar el papel

Materiales

4 tarjetas con rajas   **pinturas y pinceles**   **escarcha**   **pegamento**   **papel y lápiz**

1 Observa las tarjetas. Anota cómo se ven y se sienten.

2 ¿Cómo podrías cambiar la forma en que se ven y se sienten las tarjetas? Investiga tus ideas.

3 Anota cómo cambias las tarjetas.

Destrezas de ciencias
Para investigar, piensa en los cambios que podrías hacer y luego pruébalos.

Cambiar objetos

Puedes **cambiar** los objetos o hacerlos diferentes. Puedes cambiar su forma, tamaño, color o textura.

Observar los cambios

Puedes cambiar los objetos de diferentes maneras. Puedes enrollar o doblar algunos objetos para cambiar su forma.

■ **¿Cómo puedes moldear arcilla para apilarla en forma espiral?**

Puedes cambiar algunos líquidos al congelarlos. Al congelar, conviertes el jugo de fruta en una paleta congelada.

Puedes cambiar un objeto al mezclarlo con otras cosas. Podrías hacer un animal de roca por diversión. Sería una mezcla de la roca, pintura y otras cosas.

■ **¿Cómo podría alguien convertir esta roca en una araña?**

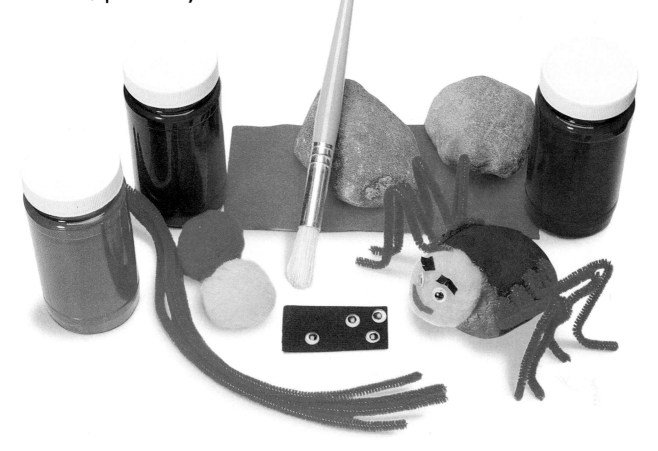

Piénsalo

1. ¿Cuáles son algunas de las cosas que le puedes cambiar a los objetos?

2. ¿Cuáles son tres cosas que le puedes hacer a los objetos para cambiarlos?

¿Qué sucede cuando se separan los objetos?

Investigación

Las ruedas y un eje

Materiales

platos de papel

bolígrafo

1 Haz un modelo de dos ruedas y un eje. Atraviesa los platos con el bolígrafo. ¿Giran las ruedas de papel?

2 Separa las ruedas y el eje. ¿Giran las ruedas? Saca una conclusión.

CUIDADO Ten cuidado. Es puntiagudo.

Destrezas de ciencias

Cuando haces un modelo de algo, puedes usarlo para descubrir cómo funciona en realidad.

Los objetos y sus partes

Muchos objetos están compuestos de partes. Las partes trabajan juntas para que el objeto funcione. Muchos objetos no funcionarían sin todas sus partes.

Cómo trabajan juntas las partes

Una cámara debe tener una película para funcionar. Sin la película, no puedes tomar fotografías. Un avión debe tener combustible para volar. El motor del avión no funcionará sin combustible.

Mecánico

Algunas veces un auto no funciona como debe funcionar. Un **mecánico** puede arreglar una parte dañada o poner una nueva. Entonces el auto funcionará de nuevo de la manera en que debe funcionar.

Piénsalo

1. ¿Qué sucede cuando los objetos no tienen todas sus partes?

2. ¿Qué hace un mecánico si una parte está dañada?

 Arte

Mezclar objetos para crear arte

Un artista español llamado Pablo Picasso hizo esta escultura. Él usó dos objetos comunes para mostrar algo nuevo. Mira el asiento de la bicicleta y el manubrio.

Bull's Head por Pablo Picasso

- **¿Cómo este arte se parece a la cabeza de un toro?**

Piensa y practica

Elige dos o tres objetos de tu salón de clases. Planea una manera de unirlos para mostrar algo nuevo. Luego sigue tu plan.

 **Matemáticas**

¿Cuánto pueden cargar los barcos?

Los barcos grandes pueden llevar carga pesada. A la izquierda, ves un barco sin carga. La línea roja muestra que está flotando alto en el agua. A la derecha, ves un barco con carga. No puedes ver la línea roja. El barco está flotando más bajo en el agua.

Piensa y practica

Haz un bote de aluminio. Ponlo en el agua. Lentamente pon monedas de 1¢ en tu bote. ¿Cuántas monedas de 1¢ puede llevar sin hundirse?

Di lo que sabes

1. Usa la palabra *sólido, líquido* o *gas* para hablar de cada ilustración.

Vocabulario

Usa cada palabra para hablar sobre la ilustración.

2.

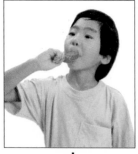

materia

3.

flotar

4.

hundir

5.

cambiar

6.

mecánico

Uso de las destrezas de ciencias

7. **Recopilar y anotar datos** Haz una tabla para recopilar y anotar datos sobre los líquidos. Pon una gota de agua y una gota de aceite sobre papel encerado.

Líquidos				
	Forma una gota redonda	Forma una gota plana	Se puede arrastrar	No se puede arrastrar
Agua				
Aceite				

Observa cada gota. Usa un palillo de dientes para arrastrar cada una. Trata otros líquidos y añádelos a la tabla.

8. **Sacar una conclusión** Piensa sobre lo que hace rodar estos carros. Saca una conclusión de por qué un carro rueda más lejos.

El calor y la luz

Vocabulario

calor

derretir

prisma

refractar

reflejar

¿Lo sabías?

La parte azul de una llama emite la mayor parte del **calor**.

E32

¿Lo sabías?
Tu mano emite suficiente calor para **derretir** algunos sólidos.

E33

¿Qué es el calor?

Investigación

Qué le hace el calor al agua

Materiales

2 vasos con agua

2 termómetros

papel y lápiz

reloj

1 Mide la temperatura del agua en cada vaso.

2 Haz una tabla. Escribe un número para mostrar cada temperatura.

3 Espera 10 minutos. Lee y anota cada temperatura.

4 Saca una conclusión.

Destrezas de ciencias

Usa números para decir lo que descubriste. Compara los números. Saca una conclusión sobre cómo cambiaron los números.

Calor

El **calor** puede hacer las cosas más calientes. El Sol emite calor. El calor del Sol calienta la tierra, el aire y el agua de la Tierra.

Otras cosas que emiten calor

El fuego también emite calor. El calor de una fogata calienta a las personas que están sentadas a su alrededor.

■ ¿Cómo se usa el fuego en esta ilustración?

La fricción produce calor

Casi todas las cosas emiten calor si las frotas. Prueba al frotar tus manos. ¿Puedes sentir el calor que emiten?

■ **¿Qué hace este niño para producir calor?**

Piénsalo

1. ¿Qué hace el calor?
2. ¿Cuáles son algunas de las cosas que emiten calor?

E37

¿Cómo el calor cambia la materia?

 Investigación

Cómo el calor cambia el agua

Materiales

colorante

agua caliente en un recipiente

agua fría en un recipiente

papel y lápiz

1 Recopila datos sobre cómo el calor cambia el agua. Pon una gota de colorante en el agua fría. Anota.

2 Pon una gota de colorante en el agua caliente. Anota.

 **CUIDADO** Ten cuidado. Está caliente.

3 ¿Cómo el calor cambió el agua? Di lo que descubriste.

Destrezas de ciencias
Para recopilar datos sobre algo, obsérvalo. Luego haz dibujos y escribe palabras para anotar tus observaciones.

Cómo el calor cambia la materia

El calor cambia la materia. Éste hace que un sólido se derrita y un líquido se evapore. Hace que un gas se esparza.

■ ¿Cómo el calor del Sol cambia a este muñeco de nieve?

Qué le hace el calor a la materia

Tú puedes observar lo que le hace el calor a la materia. Puedes calentar sólidos como el hielo o el azúcar para derretirlos. Los sólidos se pueden **derretir** y cuando sucede, se convierten en líquidos.

Puedes calentar un líquido como una sopa. Un poco de ésta se evaporará o se convertirá en gas.

■ ¿Qué le hace el calor a estos sólidos y líquidos?

Tú puedes calentar un gas como el aire. El aire caliente se esparce para llenar este globo.

Piénsalo

1. ¿Cómo el calor cambia un sólido como el hielo?
2. ¿Cómo el calor cambia líquidos y gases?

¿Qué es la luz?

Investigación

Luz y color

Materiales

prisma

objetos

papel y lápiz

creyones o marcadores

linterna

1 Enfoca la luz. Observa los objetos a través del prisma.

2 Haz un dibujo de lo que observas. Rotúlalo con colores que observas.

3 Usa tu dibujo para comunicar lo que observaste.

Destrezas de ciencias
Para comunicar, usa los dibujos rotulados para hablar sobre lo que observaste.

La luz

La luz nos permite ver. El Sol emite tanto luz como calor. La luz del Sol nos ayuda a ver lo que nos rodea.

Otras cosas que emiten luz

Muchas cosas además del Sol emiten tanto luz como calor. Podemos usar su luz para ver cuando no hay luz solar.

■ ¿Cuáles son algunas de las cosas que emiten tanto luz como calor?

La luz y el color

La luz está formada por colores. Puedes ver los colores cuando la luz atraviesa un prisma. Un **prisma** es cualquier objeto claro que descompone la luz en colores.

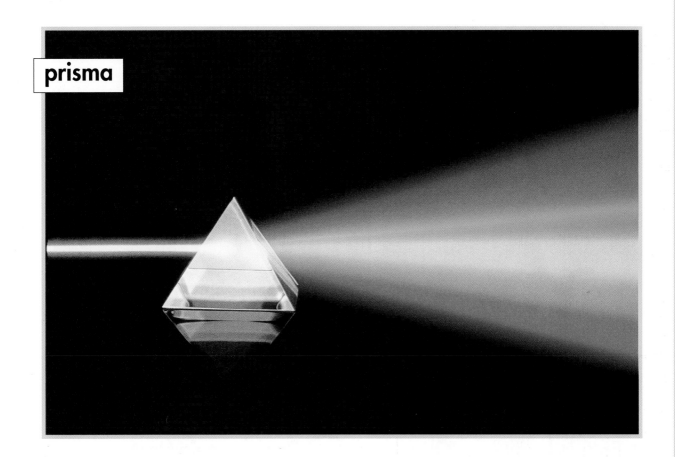

prisma

Piénsalo

1. ¿Qué hace la luz?
2. ¿Cuándo puedes ver los colores que forman la luz?

¿Qué puede hacer la luz?

Investigación

Hacer que la luz rebote

Materiales

linterna
con batería

tarjeta
en plastilina

espejo

1 Prende la linterna. Observa la luz.

2 Pon el espejo frente a la luz. Mueve el espejo. Observa.

3 Investiga este problema. ¿Cómo puedes hacer que la luz brille en la tarjeta sin moverla?

Destrezas de ciencias
Para investigar un problema, tú planeas y pruebas ideas diferentes.

Cómo se mueve la luz

La luz se mueve en una línea recta hasta que choca con un sólido o un líquido. El polvo en el aire nos ayuda a ver las líneas rectas de la luz.

Qué puede hacer la luz

Cuando la luz choca con algo sólido, ésta **refleja** o rebota en una nueva dirección.

La luz que se refleja en un gato nos permite ver el gato. La sombra del gato nos muestra dónde bloquea la luz el gato.

■ ¿Qué forma la sombra del gato?

La luz pasa a través del agua y del aire. La luz se puede doblar o **refractar** donde se juntan el agua y el aire. Un objeto que está parcialmente en el agua se puede ver doblado.

■ **¿Qué le sucede a la luz cuando choca con un espejo?**

Piénsalo

1. ¿De qué manera se mueve la luz?

2. ¿Qué puede hacer la luz?

Estudios sociales/Profesiones

La exploración de un aeronauta de un globo de aire caliente

Jetta Schantz vuela en globos de aire caliente. Para subir, ella calienta el aire dentro en su globo. El aire se esparce y se hace más liviano. El aire frío lo empuja hacia arriba y levanta el globo.

Piensa y practica

Observa cómo se esparce el aire caliente. Sopla un globo hasta la mitad y amárralo. Usa un hilo para medirlo alrededor. Sostén el globo en agua caliente por unos cuantos minutos. Mide otra vez.

 **Matemáticas**

Medir sombras

Los niños en muchos lugares se divierten con sombras. Los niños en Indonesia forman sombras de venados. Ellos cantan canciones sobre lo que hacen sus sombras.

Piensa y practica

Con un compañero, forma sombras sobre el papel. ¿Cómo puedes hacerlas más pequeñas o más grandes? Traza dos sombras. Mídelas con clips. Halla la diferencia entre las dos.

Di lo que sabes

1. Usa la palabra *luz* o *calor* para hablar de cada ilustración.

Vocabulario

Di qué ilustración va con cada palabra.

a.

b.

2. prisma

3. refractar

4. derretir

5. reflejar

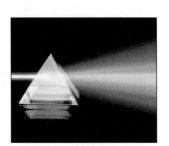

c.

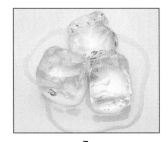

d.

Uso de las destrezas de ciencias

6. **Recopilar datos** ¿Qué mantiene más caliente el chocolate durante un tiempo, un vaso de estireno o un vaso de metal? Recopila tus propios datos o lee los datos en tu tabla. Usa los datos para decidir qué vaso usar.

¿Qué vaso mantiene el chocolate más caliente?			
Tipo de vaso	Temperatura al comienzo	Después de 5 minutos	Después de 10 minutos
Vaso de estireno	55 grados Celsius	49 grados Celsius	47 grados Celsius
Vaso de metal	55 grados Celsius	47 grados Celsius	43 grados Celsius

7. **Usar números** Pega dos espejos. Pon un objeto pequeño entre ellos. Cuenta cuántas veces ves el objeto. Luego mueve los espejos. Haz que muestren el objeto sólo una vez.

Hacer paletas de jugo

Convierte el jugo líquido en
un sólido haciendo paletas de jugo.

1. Pídele a un familiar que te ayude a vertir jugo
   en una bandeja de cubos de hielo.

2. Pon un palillo de dientes en cada parte de la
   bandeja. *Ten cuidado. Los palillos de dientes son
   puntiagudos.*

3. ¡Ponla en el congelador y a comer!

Gotas flotantes

1. Llena un frasco con aceite para ensaladas.

2. Pon dos o tres gotas de colorante en el aceite.
   Tapa el frasco.

3. Voltea el frasco. ¿Qué le sucede a las gotas de
   colorante? Habla sobre lo que flota y por qué.

Sé un buscador de sombras

1. En la mañana, pon una hoja de papel donde le dé el Sol.

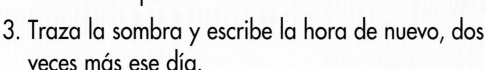

2. Pon un palillo en una pelota de plastilina sobre la hoja. Traza la sombra del palillo. Escribe la hora.

3. Traza la sombra y escribe la hora de nuevo, dos veces más ese día.

¿Qué mantiene el frío?

1. Pon un cubo de hielo en un vaso de estireno. Pon otro vaso sobre ese vaso.

2. Hazlo otra vez usando dos vasos de plástico transparentes.

3. Pon los dos juegos de vasos en un lugar cálido.

4. Observa los cubos de hielo en un hora. ¿Qué vasos usarías para mantener una bebida fría?

Redacción

Libro de pestañas

En hojas de papel aparte, escribe sobre los sólidos, los líquidos y los gases. Rotula cada página. Reúne tus páginas para hacer un libro.

Lectura

El Sol y sus amigos
por Janet Palazzo-Craig

Lee acerca de las contribuciones del Sol en la vida de nuestro planeta.

Centro de computación
Visita *The Learning Site* en
www.harcourtschool.com/science/spanish

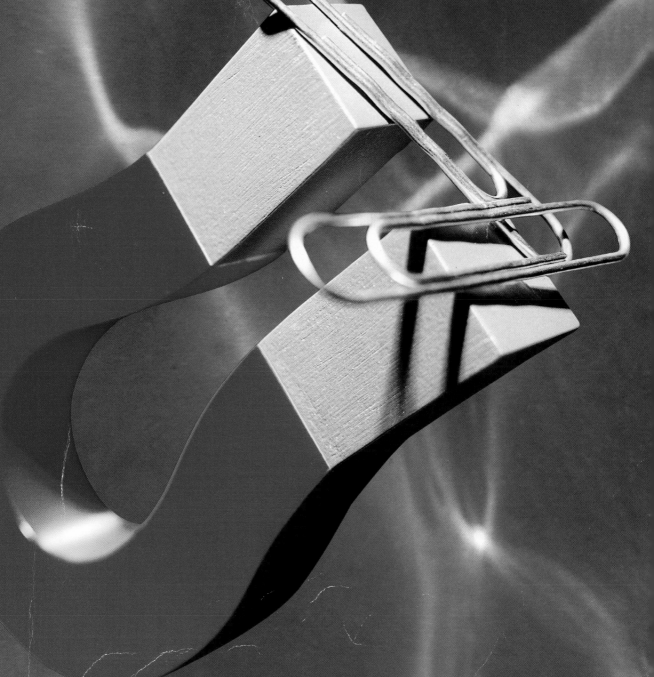

La energía y las fuerzas

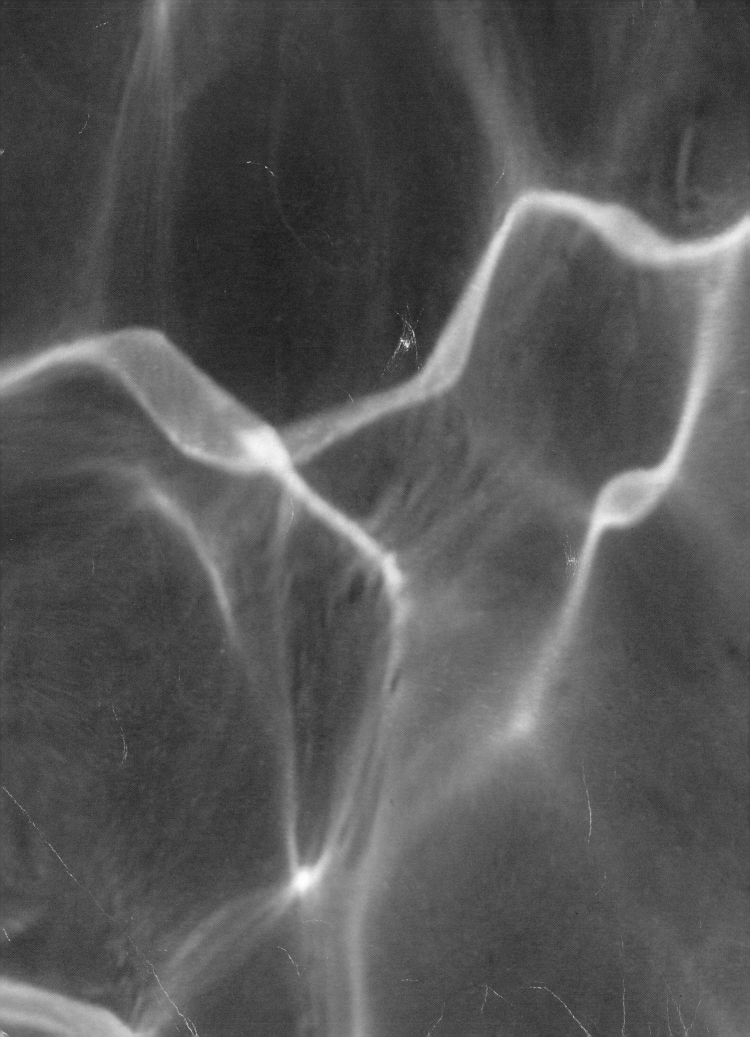

Ciencias físicas

La energía y las fuerzas

PROYECTO DE LA UNIDAD

Por el pueblo

Construir un pueblo. Usa imanes para hacer que las cosas se muevan.

Empujar y jalar

Vocabulario

fuerza
empujar
jalar
zigzag
movimiento
superficie
fricción
rueda

¿Lo sabías?
Las raíces de los árboles pueden **empujar** una roca cuando crecen.

¿Lo sabías?

Esta araña nefilia puede rodar como una **rueda**.

¿Qué hace que las cosas se muevan?

 Investigación

Empujar y jalar

Materiales

bloques pequeños

cosas para mover el bloque

papel y lápiz

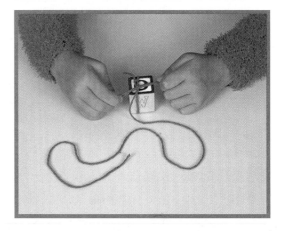

1 ¿Qué podrías hacer para empujar o jalar los bloques?

2 Escribe un plan para investigar tus ideas. Luego sigue tu plan.

3 Di qué usaste para mover el bloque. Usa la palabra *empujar* o *jalar.*

Destrezas de ciencias

Investigas **pensando en ideas y probándolas.**

Hacer que las cosas se muevan

Una **fuerza** es empujar o jalar. Cuando **empujas** algo, lo alejas. Cuando **jalas** algo, lo acercas.

empujar

jalar

Empujar y jalar

Empujar y jalar hace que las cosas se muevan o se detengan. Una grúa jala un carro para llevarlo al taller. Un pelotero empuja un guante para detener una pelota en movimiento.

■ ¿Podría el jugador empujar o jalar el guante para lanzar la pelota?

Empujar o jalar puede hacer que algo cambie de dirección. Cuando pateas una pelota, la empujas. Primero la pelota rueda hacia ti. Al empujarla haces que cambie de dirección. Entonces se aleja de ti.

■ **¿Qué hará la pelota cuando la jugadora la patee?**

Piénsalo

1. ¿Qué es una fuerza?

2. ¿Qué puede suceder cuando se empuja y se jala?

¿Cómo se mueven las cosas?

Objetos en movimiento

Materiales

objetos

papel y lápiz

1 Observa y anota cómo se mueve cada objeto cuando lo empujas o lo jalas.

2 Agrupa los objetos que se mueven de la misma manera. Escribe cómo los agrupaste.

Destrezas de ciencias

Para agrupar los objetos, coloca juntos los que se mueven de la misma manera.

Maneras en que se mueven las cosas

Empujar y jalar hace que las cosas se muevan de diferentes maneras. Di lo que sabes acerca de cómo se mueven estos aparatos del parque de diversiones.

Decir cómo se mueven las cosas

Hay diferentes maneras de decir cómo se mueven las cosas. Una forma es por el camino que hacen. Un carro se mueve en un camino recto. Quizás un esquiador haga un **zigzag** o haga marcas pronunciadas hacia atrás y hacia adelante.

Otra manera de decir cómo se mueven las cosas es por su velocidad. Puede que dos ciclistas comiencen al mismo tiempo. Si uno toma la delantera, se está moviendo más rápido.

Algunas cosas se mueven de la misma manera una y otra vez. Un trompo da vueltas y vueltas. Un columpio se mueve de atrás hacia adelante.

■ **¿Qué tipo de fuerza mantiene un columpio en movimiento?**

Piénsalo

1. ¿Cuáles son algunas maneras en que se mueven las cosas?
2. ¿Cómo puedes decir que una cosa se mueve más rápido que la otra?

LECCIÓN 3

¿Por qué se mueven las cosas de cierta manera?

Investigación

Predecir el movimiento

Materiales

rampa

pelota de plástico

cinta adhesiva

bloque

1 Construye la rampa. Predice dónde se detendrá la pelota. Marca el lugar con cinta adhesiva.

2 Deja que la pelota ruede hacia abajo por la rampa. ¿Fue correcta tu predicción?

3 Ahora coloca el bloque donde la pelota le pegará. Repite los pasos 1 y 2.

Destrezas de ciencias

Para predecir dónde se detendrá la pelota, piensa sobre cómo rueda y rebota una pelota.

F12

Por qué se mueven las cosas de la manera que lo hacen

Desplazarse de un lugar a otro es un **movimiento**. Puedes observar el movimiento de un objeto. Esto te ayudará a predecir hacia dónde se moverá la próxima vez.

Cambiar el movimiento

Empujar o jalar puede cambiar la dirección de algo. Un disco de goma de hockey se mueve recto, hacia adelante al menos que algo cambie su dirección.

Empujar de diferentes maneras cambia el movimiento del disco de goma. Al empujar fuertemente el disco de goma, lo alejamos. Al empujarlo suavemente, lo movemos sólo un poco.

■ **¿Cómo el jugador podría empujar sólo un poco el disco de goma?**

Cambiar de dirección

Una fuerza puede cambiar la dirección en la cual se mueve un objeto. Una pelota rodará en una dirección hasta que algo la empuje y haga que cambie.

■ ¿Qué le hace una raqueta a una pelota en una mesa de tenis?

Los choques son los empujes que cambian la dirección de los botes chocones. Cuando chocas tu bote contra otro, tu bote rebota hacia atrás.

Piénsalo

1. ¿Qué es un movimiento?
2. ¿Qué puede cambiar el movimiento de algo?

¿Cómo se mueven los objetos en las superficies?

Investigación

Superficies lisas y ásperas

Materiales

rampa

camión de juguete

regla

papel y lápiz

1 Construye una rampa en una superficie lisa. Deja que el carro ruede hacia abajo.

2 Mide hasta dónde rodó. Anota el número. Haz lo mismo en una superficie áspera.

3 ¿En qué superficie rodó el carro más lejos? Usa tus números para decirlo.

Destrezas de ciencias

Mide qué tan lejos rueda el carro desde el final de la rampa hasta donde el carro se detiene.

Superficies diferentes

Una **superficie** es la parte superior o de afuera de algo. Este suelo tiene tanto una superficie lisa como una áspera. El camión se mueve de diferente forma en cada superficie.

Más fricción, menos fricción

Cuando dos superficies se rozan, forman una **fricción**. La fricción es una fuerza que hace que sea más difícil mover las cosas.

Una superficie áspera forma más fricción que una suave. En una carretera áspera, es difícil mover una bicicleta. Debes empujar más fuerte los pedales.

■ **¿Qué superficies se rozan cuando manejas una bicicleta en una carretera?**

Puedes cambiar qué cantidad de fricción tiene una superficie. Si cubres una superficie con algo húmedo ésta hace menos fricción. Si cubres una superficie con algo áspero, ésta hace mayor fricción.

Piénsalo

1. ¿Qué es una fricción?
2. ¿Qué tipo de superficie tiene mayor fricción? ¿Qué tipo tiene menos fricción?

¿Cómo las ruedas ayudan a mover los objetos?

Investigación

Los rodillos

Materiales

rodillos

libro

camión de juguete

cinta adhesiva

1 Empuja el libro. Luego coloca los rodillos debajo. Empuja otra vez. ¿Cuál es más fácil?

2 Empuja el camión. Pega las ruedas con cinta adhesiva y empújalo otra vez. ¿Cuál es más fácil?

3 Saque una conclusión sobre ruedas y rodillos.

Destrezas de ciencias
Para sacar una conclusión de algo, usa lo que has observado para explicar lo que sucedió.

Qué pueden hacer las ruedas

Un rodillo es cualquier objeto que rueda. Una **rueda** es un rodillo que da vueltas sobre un eje. Los rodillos y las ruedas hacen que las cosas sean más fáciles de empujar y jalar.

Muchas maneras de usar ruedas

Las personas usan las ruedas de muchas maneras. Usan canastas con ruedas para llevar cosas cuando van de compras. Usan sillas con ruedas para movilizarse. Algunos niños colocan ruedas en cajas para hacer carros de juguete.

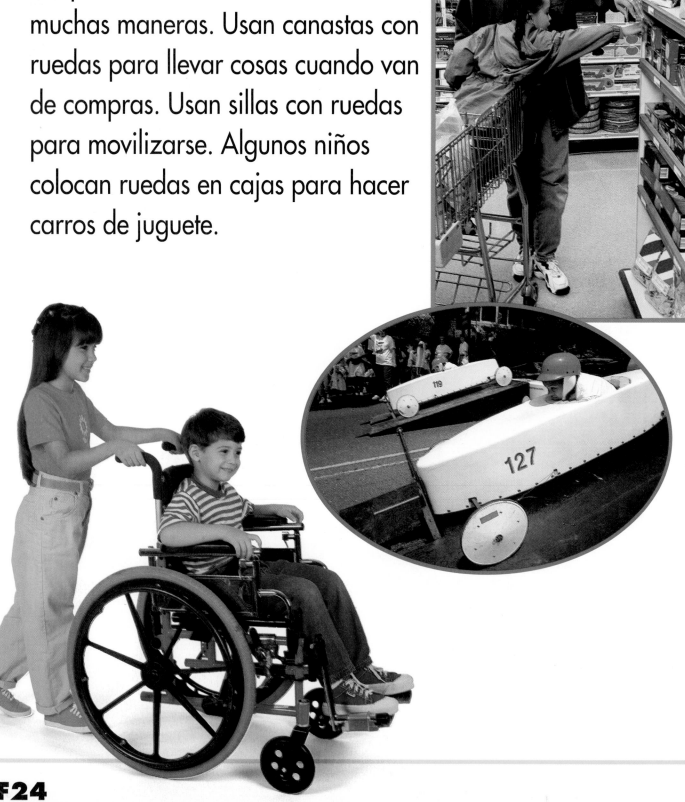

Las personas usan ruedas para empujar o jalar cargas pesadas. Una carretilla de ruedas hace más fácil empujar cajas pesadas. Muchas maletas tienen ruedas para que las personas puedan jalarlas.

■ **¿Por qué las personas usan cosas que tienen ruedas?**

Piénsalo

1. ¿Qué es una rueda?

2. ¿Qué pueden hacer las ruedas?

 Estudios sociales/Profesiones

Un arquitecto planea edificios

I. M. Pei diseña edificios. Él sabe sobre las fuerzas que empujan y jalan. Diseña edificios que no se caerán.

Piensa y practica

Usa tarjetas para construir una casa. Luego sopla sobre tu casa de tarjetas. Halla diferentes maneras de hacer una casa que no puedas derrumbar.

Empujar para anotar

En algunos juegos, los jugadores empujan para anotar puntos. Dos juegos como éstos son el hockey y el boliche.

Piensa y practica

Haz un juego que use el empuje para anotar puntos. Usa una tapa de una caja. Luego usa un lápiz para lanzar la tapa de la botella diez veces dentro de la tapa.

Agrega el número de las veces que cae, a tu puntaje, cada vez.

F2

Di lo que sabes

1. Di lo que sabes de la ilustración. Usa las palabras *fuerza, movimiento, superficie* y *fricción.*

Vocabulario

Di qué ilustración corresponde con cada palabra.

2. empujar
3. jalar
4. zigzag
5. rueda

a.

b.

c.

d.

Usar las destrezas de ciencias

6. **Medir** Jala una roca con un elástico por superficies ásperas y lisas. Mide la longitud que se estira el elástico cada vez. Haz una tabla. Anota los números. ¿Cuál produce más fricción?

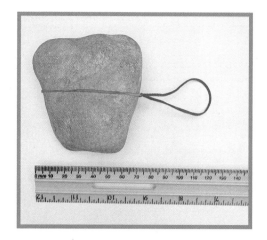

Fricción sobre las superficies	
Superficie	Cuánto se estira el elástico
áspera	
lisa	

7. **Sacar una conclusión** Frota tus manos. Siente la fricción. Luego pon unas cuantas gotas de aceite en tus manos. Frótalas otra vez. Saca una conclusión.

CAPÍTULO 2

Los imanes

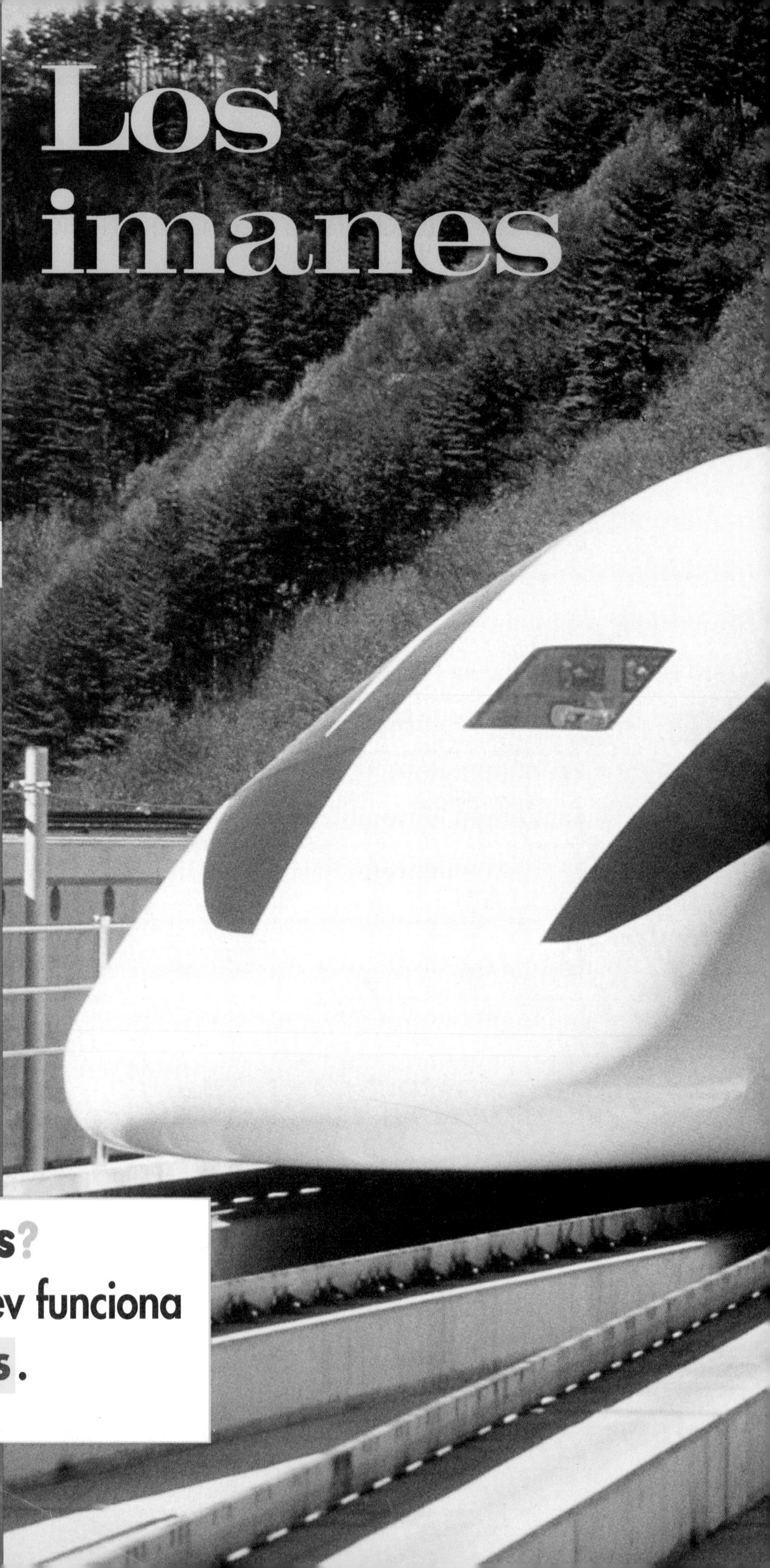

Vocabulario

imán

atraer

fuerza

repeler

polos

fuerza magnética

magnetizar

¿Lo sabías?

El tren Maglev funciona con imanes.

¿Lo sabías?
Estos imanes se
pueden repeler
entre sí.

¿Qué son los imanes?

Investigación

Qué puede hacer un imán

Materiales

barra magnética   objetos   papel y lápiz

Qué puede hacer un imán		
Objeto	Jala	No Jala

1 Recopila datos sobre un imán. Mantenlo cerca de cada objeto.

2 Haz una tabla como ésta. Anota lo que observas.

3 Agrupa los objetos que el imán jala y los que no jala.

Destrezas de ciencias
Para recopilar datos sobre lo que puede hacer un imán, observa y anota lo que hace.

Los imanes

Un **imán** es un pedazo de hierro que puede **atraer** o jalar las cosas. Las cosas que jala también deben estar hechas de hierro. El hierro es un tipo de metal.

■ **¿Cómo se usan los imanes aquí?**

Cómo las personas usan los imanes

Las personas usan los imanes para mantener cosas cerca y para levantarlas. También los usan en televisores y motores eléctricos.

Un agricultor podría poner un imán en el estómago de una vaca. El imán atrae pedacitos de metal que la vaca se podría comer. Esto mantiene el metal alejado de la vaca para que no la lastime.

imán de vaca

Dónde se pueden hallar los imanes

Algunos imanes se pueden hallar en la naturaleza. Una calamita es un tipo de imán que se halla en la tierra.

calamita

■ ¿Cómo usan los niños los imanes en este juego de pesca?

En qué se parecen y en qué se diferencian los imanes

Los imanes se parecen de una manera. Ellos atraen los objetos hechos de hierro pero no atraen los objetos hechos de otros materiales.

Los imanes pueden ser diferentes de otras maneras. Pueden ser redondos o cuadrados, grandes o pequeños, rectos o curvos. Pueden ser de diferentes colores.

Los imanes pueden ser diferentes en **fuerza** o lo fuerte que jalan. Un imán puede atraer más clips que otro.

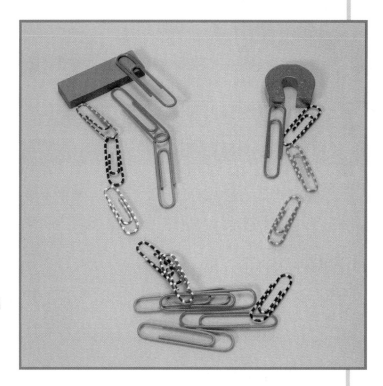

■ **Observa la tabla. ¿Qué imán tiene la mayor fuerza?**

Fuerza del imán	
Imán	Número de clips
barra magnética	6
herradura magnética	3

Piénsalo

1. ¿Qué es un imán?
2. ¿Cuáles son algunas maneras en que las personas usan los imanes?

¿Qué son los polos de un imán?

Los extremos de un imán

Materiales

barra magnética

clips

papel y lápiz

1 Recoge clips con uno de los extremos del imán. Anota el número. Luego hazlo con el otro extremo.

2 Recoge clips con la parte del medio de un imán. Anota el número.

3 Haz una gráfica de barras. Infiere qué partes del imán son más fuertes.

Destrezas de ciencias

Para inferir qué partes del imán son las más fuertes, compara los números en tu gráfica de barras.

Los polos de un imán

Un imán tiene dos **polos**. Estos son los lugares donde su fuerza de atracción es más fuerte. ¿Dónde están los polos de esta barra magnética? ¿Cómo lo sabes?

Qué pueden hacer los polos

Cada imán tiene un polo norte y un polo sur. A menudo se conocen como el polo *N* y el polo *S*.

Dos polos que son diferentes se atraen entre sí. Un polo *N* y un polo *S* se atraen entre sí.

Dos polos que son iguales se **repelen** o se alejan entre sí. Dos polos *N* se repelen entre sí.

■ **¿Qué crees que harían dos polos *S*?**

Los pedacitos de hierro pueden mostrar dónde es más fuerte la atracción de un imán. Los pedacitos de hierro forman un patrón alrededor del imán. La mayoría de los pedacitos van a los polos donde la atracción es mas fuerte.

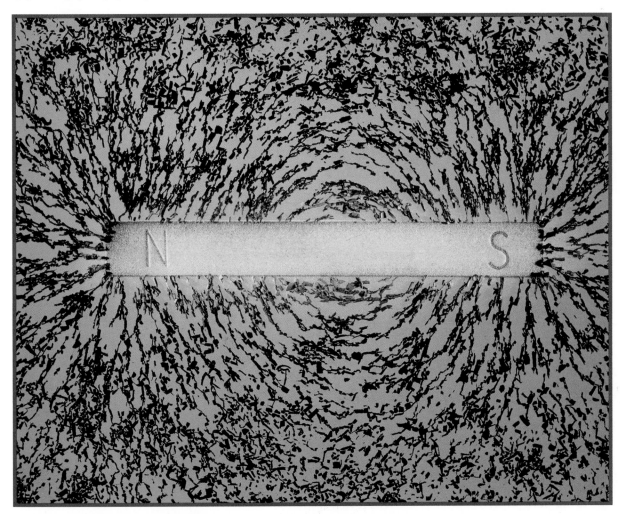

Piénsalo

1. ¿Qué son los polos?
2. ¿Qué hacen los polos?

¿Qué se puede jalar con un imán?

Cosas que jalan los imanes

Materiales

barra magnética   clips   materiales diferentes

1 ¿Puede un imán atraer clips a través de las cosas? Planea tu investigación para descubrirlo. Escribe tu plan.

2 Sigue tu plan para investigar tus ideas. Anota lo que observas.

3 Usa tus datos para comunicar lo que hallaste.

Destrezas de ciencias

Para investigar las cosas que puede jalar un imán, elabora primero un plan y luego prueba tus ideas.

La fuerza de un imán

La atracción de un imán se llama **fuerza magnética**. Esta fuerza puede pasar a través de algunas cosas para atraer los objetos de hierro.

■ ¿A través de qué material está pasando la fuerza magnética para atraer estos títeres?

Observar la fuerza magnética

La fuerza magnética de un imán puede pasar a través del papel. También puede pasar a través del agua y de un vaso.

■ **¿Qué crees que podría suceder si el vaso fuera más grueso?**

La fuerza magnética es fuerte cuando está cerca de un imán. Puede jalar un clip a través del aire. Si está más lejos, éste quizás no sea tan fuerte para hacerlo.

Piénsalo

1. ¿Qué es la fuerza magnética?
2. ¿Cuáles son algunos de los materiales que la fuerza magnética puede atravesar?

¿Cómo puedes hacer un imán?

Investigación

Hacer un imán

Materiales

imán

2 clips

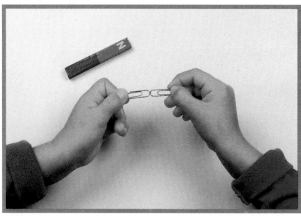

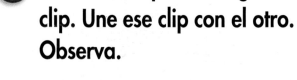

1 Une un clip con el otro.

2 Usa el imán para recoger un clip. Une ese clip con el otro. Observa.

3 Quita el imán. Saca una conclusión. ¿Cómo puedes hacer un imán?

> **Destrezas de ciencias**
> Para sacar una conclusión, usa lo que has observado para formar una idea.

Hacer un imán

Un imán puede **magnetizar** o darle fuerza
magnética a las cosas que atrae. El imán de
esta grúa ha magnetizado algunas piezas de
metal. Su nueva fuerza magnética atrae más
piezas.

Maneras de hacer un imán

Tú puedes magnetizar un clavo de hierro. Frota el clavo con el imán diez veces de la misma manera. Luego el clavo estará magnetizado por un corto tiempo.

■ ¿Cómo sabes que este clavo ahora es un imán?

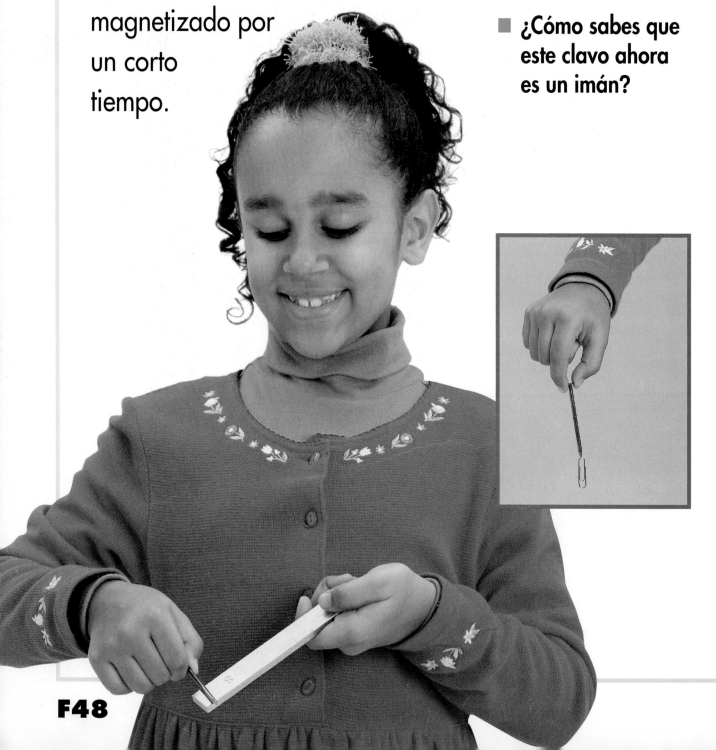

Algunos imanes están hechos de hierro fundido con otros materiales. Estos imanes son hechos en una fábrica.

Ingeniero magnético

Un ingeniero magnético descubre nuevas maneras de hacer imanes. Estos imanes pueden ser más fuertes o durar más tiempo que los de hierro.

Piénsalo

1. ¿Qué puedes usar para magnetizar un objeto hecho de hierro?

2. ¿Cómo puedes hacer un imán?

 Matemáticas

Medir la fuerza magnética

Puedes comparar las fuerzas de diferentes imanes. Para hacer esto, necesitarás anotar la distancia que alcanzan sus fuerzas magnéticas.

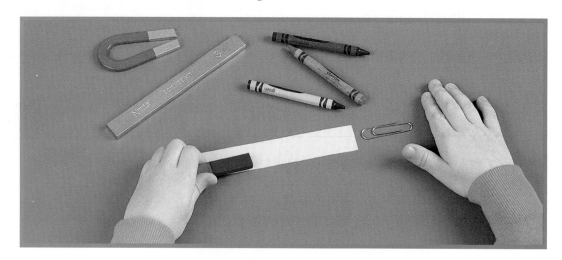

Piensa y practica

Coloca un clip en un extremo de una franja de papel. Sostén un imán en el otro extremo. Desliza el imán lentamente hacia el clip. Haz una marca para mostrar dónde está el imán cuando el clip se mueve.

Haz lo mismo con cada imán. ¿Cuál imán es el más fuerte?

Lecturas en una brújula

Hace mucho tiempo, los viajeros usaban brújulas para hallar su camino. Los viajeros aún las usan. Una brújula tiene una aguja magnetizada que siempre apunta al norte.

Piensa y practica

Haz tu propia brújula. Haz flotar un plato de plástico en el agua. Coloca una barra magnética en el centro del plato. Voltea el plato. ¿Hacia qué lado está el norte?

Di lo que sabes

1. Usa las palabras *fuerza, polos* y *magnético* para decir de cada ilustración.

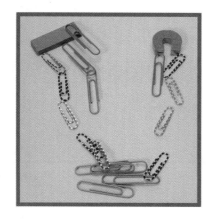

Vocabulario

Di qué ilustración va con cada palabra.

2. magnético

3. atraer

4. repeler

5. magnetizar

a.

b.

c.

d.

Uso de las destrezas de ciencias

6. Inferir Observa los dos patrones hechos de los pedacitos de hierro. ¿Qué imán formó cada patrón? ¿Cómo lo sabes?

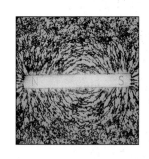

7. Investigar Algunas personas usan un detector de metales para hallar las cosas hechas de metal.

Juega un juego de detector de metales. Pide a un compañero que ponga tres objetos de metal en un grupo de objetos.

Predice qué objetos atraerá tu imán. Investiga para descubrirlo.

Cometa magnética

1. Corta una cometa de papel de seda.

2. Ata un hilo y un clip.

3. Pega la cola del hilo a una mesa.

4. Usa el imán para levantar tu cometa sin tocarla.

Juego de carrera de carros magnética

1. Traza caminos en tu cartulina.

2. Pon dos clips sobre el camino.

3. Pon dos imanes debajo de la cartulina. Mueve los imanes para hacer correr tus clips.

Hacer una rueda de agua

1. Empuja palillos en los extremos de un pedazo de plastilina. *Ten cuidado. Los palillos son puntiagudos.*

2. Empuja los extremos del cartón en la plastilina para hacer una rueda de agua.

3. Sostén la rueda por los palillos de dientes. Coloca la rueda debajo de agua corriente.

4. Di cómo el agua hace girar la rueda.

Tobogán de canicas

1. Pega tubos de toallas de papel para hacer un tobogán.

2. Usa libros para sostenerlos.

3. Pon una canica en el extremo superior y escucha cómo cae hasta el fondo. Habla de cómo se mueve.

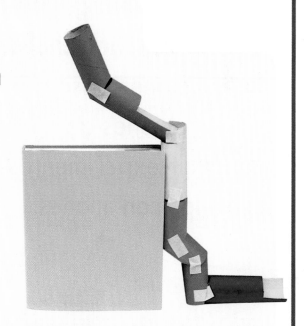

Redacción

Libro de acordeón

Haz un libro que jalas para abrirlo y empujas para cerrar. En cada página, escribe sobre empujar o jalar.

Lectura

Mi primer libro de pilas e imanes por Jack Challoner

Instrucciones paso por paso e ilustraciones de cómo conducir experimentos sencillos con imanes.

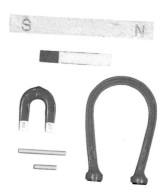

Centro de computación
Visita **The Learning Site** en
www.harcourtschool.com/science/spanish

Referencias

Investigación

Este plan te ayudará a trabajar como un científico.

Paso 1 -Haz una pregunta.

¿Qué carro rodará más rápido?

Paso 2-Haz una predicción.

Predigo que este carro ganará.

Paso 3-Planea una prueba justa.

Pondré cada carro en el mismo lugar.

Paso 4 -Haz tu prueba.

Mediré la distancia que rodó cada carro.

Paso 5 -Saca una conclusión.

¡Mi predicción era correcta! Este carro rodó más lejos.

Más investigación

¿Me pregunto si la altura de la rampa causará una diferencia?

Instrumentos de ciencias

Lupa

1. Sostén la lupa cerca de tu cara.
2. Mueve el objeto hasta que veas claramente.

Termómetro

La temperatura es 32 grados.

1. Coloca el termómetro.
2. Espera dos minutos.
3. Fíjate hasta donde llega el líquido en el tubo.
4. Lee el número.

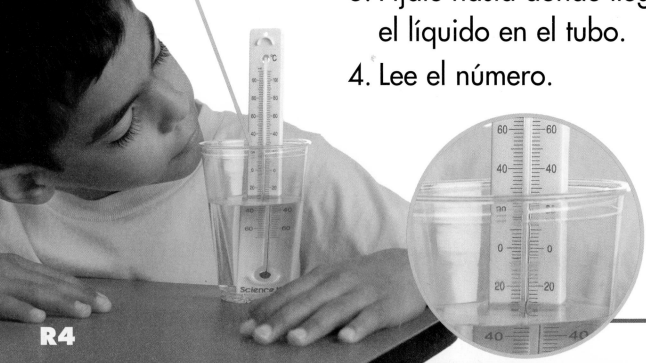

Regla

1. Pon el borde de la regla en el extremo del objeto.

2. Observa el número en el otro extremo.

3. Lee la longitud del objeto.

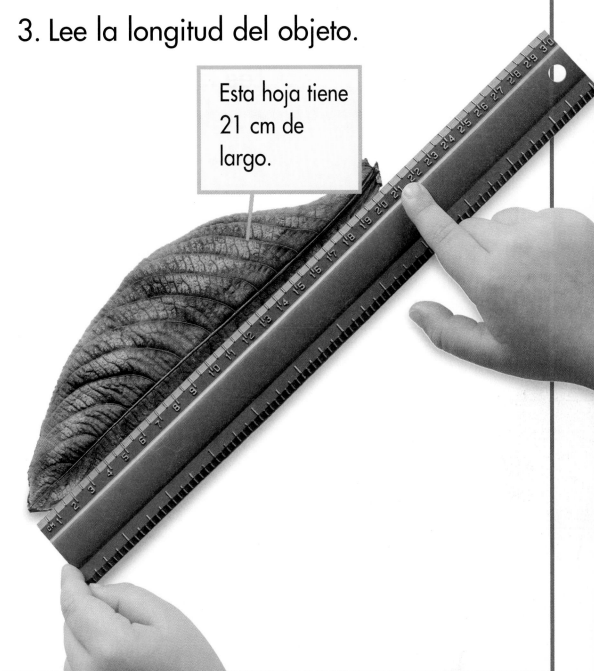

Esta hoja tiene 21 cm de largo.

Taza de medir

1. Vierte el líquido en el vaso.
2. Pon el vaso en una mesa.
3. Espera hasta que el líquido no se mueva.
4. Observa el nivel del líquido.
5. Lee la cantidad de líquido que hay.

Hay 150 mililitros de líquido aquí.

Reloj

1. Observa el horario.
2. Observa el minutero.
3. Lee la hora.

Son las 10:00.

Cronómetro

1. Para comenzar a cronometrar, presiona el botón START.
2. Para parar el cronómetro, presiona el botón STOP.
3. Lee cuánto tiempo ha transcurrido.

Han transcurrido 15 segundos.

Balanza

1. Comienza con los platillos equilibrados.

2. Pon el objeto en un platillo.

3. Agrega masas hasta que los platillos estén equilibrados otra vez.

4. Cuenta el número de masas.

Computadora

1. Una computadora te puede ayudar a dibujar.

2. La mayoría de las computadoras te ayudan a hallar respuestas a las preguntas.

3. Muchas computadoras te ayudan a comunicar.

Medidas

1 cm

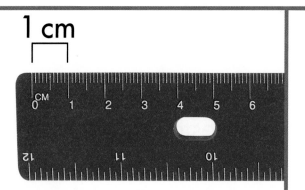

regla en centímetros (cm)

1 pulg

regla en pulgadas (pulg)

El agua se congela a 32°F.

temperatura Fahrenheit (F)

El agua se congela a 0°C.

temperatura Celsius (C)

1 kilogramo (kg)

1 libra (lb)

1 litro (L)

1 taza (tz)

Manual de salud

El cuidado de tu cuerpo

Mantenerte seguro

Los ojos y los oídos

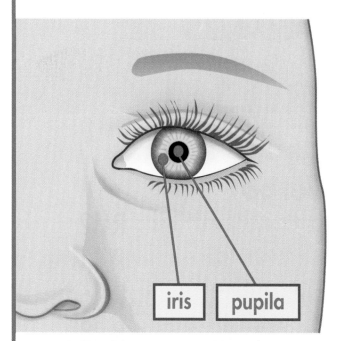

Parte externa del ojo

iris | pupila

El cuidado de tus ojos y oídos

- La luz brillante puede dañar tus ojos. Nunca mires el Sol directamente o a luces muy brillantes.

- Nunca introduzcas un objeto dentro de tu oído.

Los ojos

Cuando observas tus ojos, puedes ver una parte blanca, una parte de color y un centro de color oscuro. La parte de color es el iris. El centro de color oscuro es la pupila.

Parte interna del ojo

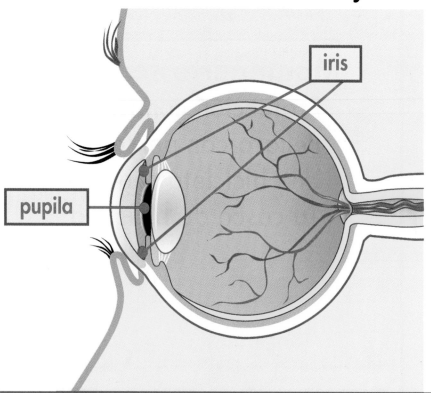

iris | pupila

El oído

Tus oídos te permiten escuchar. La mayor parte de cada oído se encuentra dentro de tu cabeza.

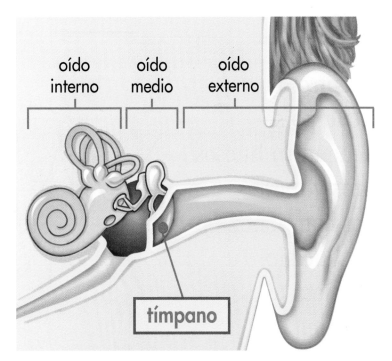

oído interno | oído medio | oído externo

tímpano

Parte interna del oído

Parte externa del oído

Actividades

1. El iris del ojo puede ser de diferentes colores. Observa los ojos de tus compañeros de clase. ¿Cuántos colores vez?

2. Pide a un compañero de clases que se pare en frente de ti en el salón. Pídele que diga tu nombre en una voz normal. Ahora coloca una mano detrás de cada oído y pídele que repita tu nombre con la misma voz. ¿Cuándo sonó más alto?

El sistema óseo

Dentro de tu cuerpo se encuentran huesos duros y fuertes. Ellos componen tu esqueleto. Tu esqueleto te sostiene.

El cuidado de tu sistema óseo

Protege tu cabeza. Utiliza un casco cuando montes bicicleta.

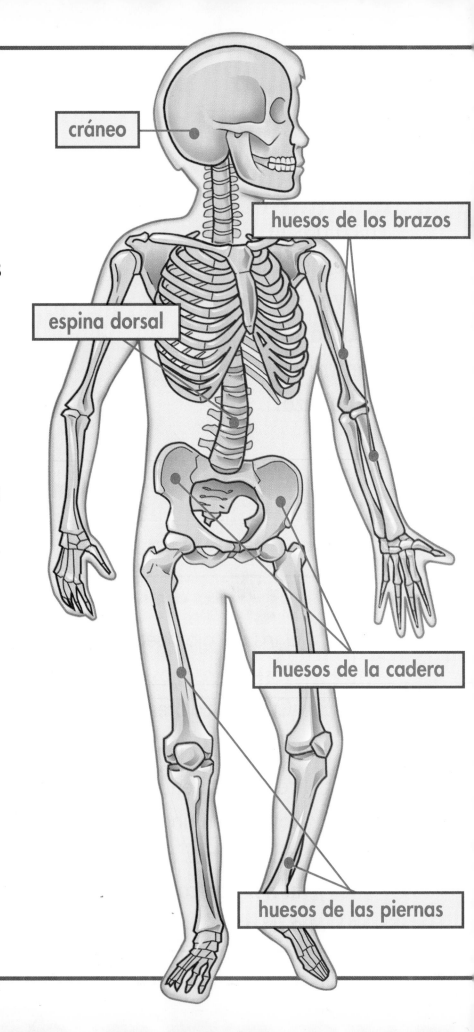

cráneo

huesos de los brazos

espina dorsal

huesos de la cadera

huesos de las piernas

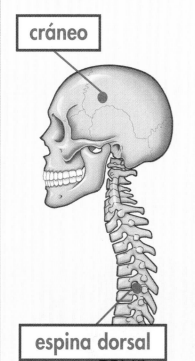

cráneo

espina dorsal

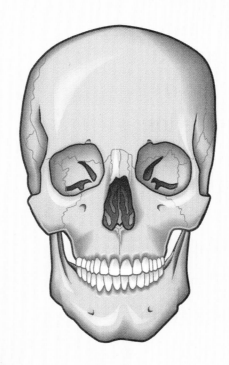

El cráneo

Los huesos de tu cabeza se llaman el cráneo. Tu cráneo protege tu cerebro.

La espina dorsal

Tu espina dorsal o columna vertebral está compuesta de muchos huesos pequeños. Tu columna te ayuda a mantenerte derecho.

Actividades ～

1. Observa un casco. ¿En qué se parece a tu cráneo?

2. Tu pie tiene aproximadamente el mismo largo que la parte de tu brazo entre tu mano y codo. Coloca el pie sobre tu brazo y compruébalo.

El sistema digestivo

El sistema digestivo ayuda a tu cuerpo a obtener energía de los alimentos que ingieres.

El cuidado de tu sistema digestivo

- Cepilla tus dientes y usa hilo dental cada día.

- No comas antes de hacer ejercicios. Tu cuerpo necesita energía para digerir los alimentos.

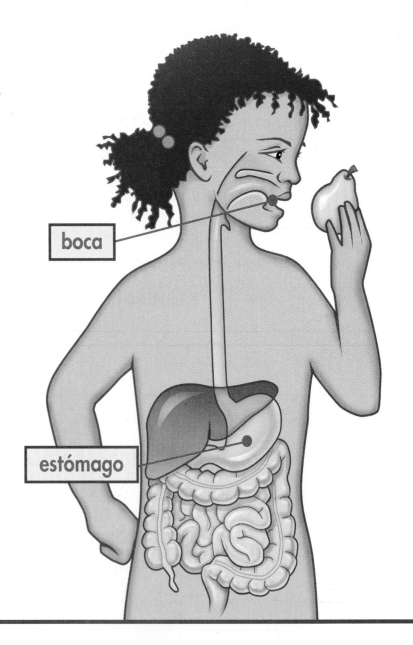

boca

estómago

Los dientes

Algunos de tus dientes cortan los alimentos y otros los muelen en pequeños pedazos.

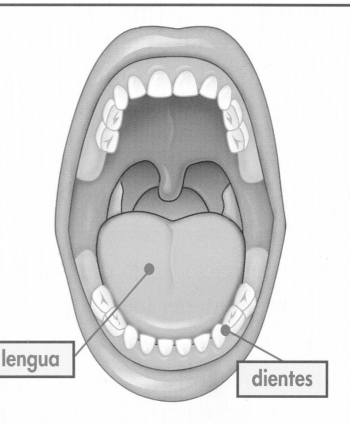

lengua

dientes

La lengua

Tu lengua te ayuda a tragar los alimentos. Es un músculo fuerte que también te permite saborear.

Actividades

1. Muerde una manzana y mastica el pedazo. ¿Qué dientes usaste para estos trabajos?

2. Lame un pretzel y un chupete. ¿Cuál de ellos puedes saborear mejor con sólo la punta de tu lengua?

El sistema circulatorio

La sangre fluye por tu cuerpo a través del sistema circulatorio. Tu corazón bombea la sangre. Los vasos sanguíneos transportan la sangre.

El cuidado de tu sistema circulatorio

- Haz ejercicios cada día para mantener fuerte tu corazón.

- Evita que los gérmenes entren en tu sangre. Lava las cortadas con agua y jabón. Nunca toques la sangre de otra persona.

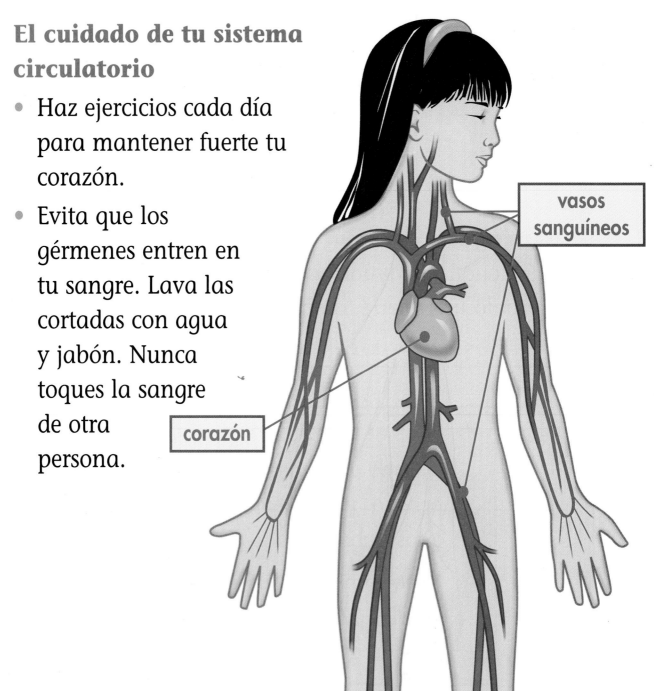

vasos sanguíneos

corazón

El corazón

El latido es el sonido de tu corazón Tu corazón tiene aproximadamente el tamaño de un puño.

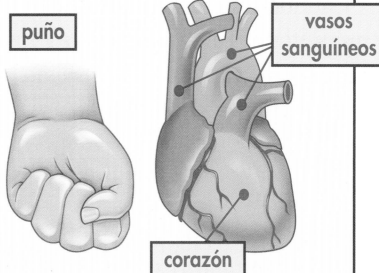

puño

vasos sanguíneos

corazón

Los vasos sanguíneos

Los vasos sanguíneos son tubos que transportan la sangre a través de tu cuerpo.

Actividades

1. Pide a un adulto que infle un globo en forma de salchicha de manera que no esté totalmente lleno. Aprieta una punta. ¿Qué sucede?

2. Coloca tu oído en el pecho de un compañero de clases y escucha el latido del corazón. Luego escucha otra vez a través de un vaso de papel sin el fondo. ¿De qué manera se escucha mejor?

El sistema respiratorio

Cuando respiras, usas tu sistema respiratorio. Tu boca, tu nariz y tus pulmones son parte de tu sistema respiratorio.

El cuidado de tu sistema respiratorio

- Nunca introduzcas nada en tu nariz.
- El ejercicio te hace respirar más fuerte y es bueno para tus pulmones.

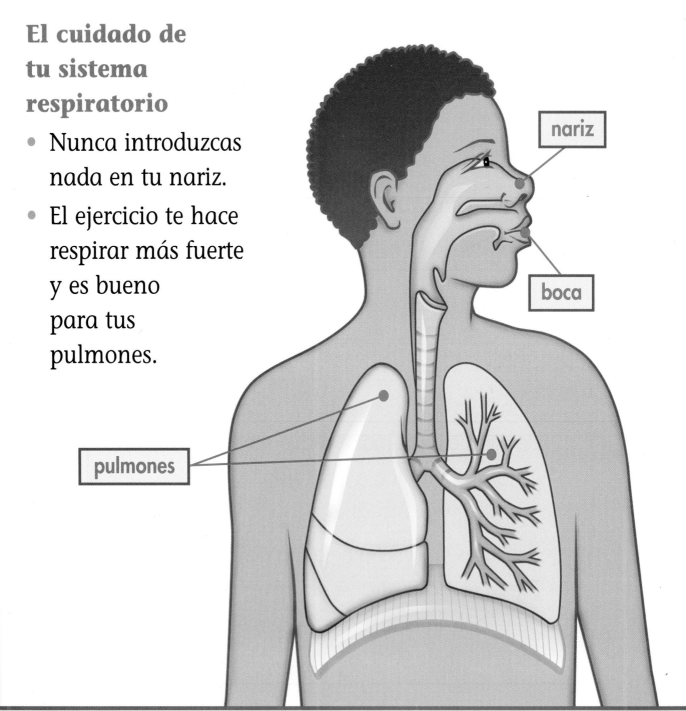

nariz

boca

pulmones

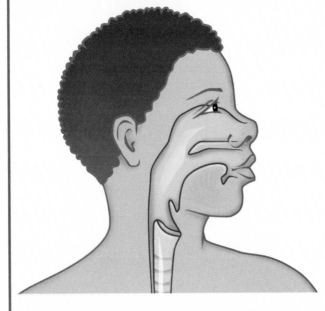

La boca y la nariz

El aire entra y sale de tu cuerpo a través de tu boca y tu nariz.

Los pulmones

Tú tienes dos pulmones dentro de tu pecho. Cuando tú inhalas, tus pulmones se llenan de aire. Cuando exhalas, el aire sale de tus pulmones.

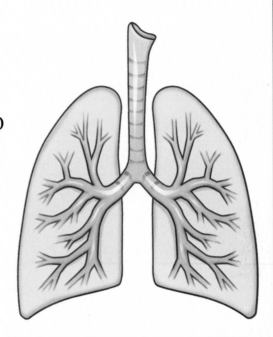

Actividades

1. Observa los músculos de tu pecho y estómago mientras inhalas aire y lo dejas escapar. Describe lo que ocurre.

2. Cuenta cuántas veces respiras por minuto.

El sistema muscular

Los músculos de tu cuerpo te ayudan a moverte.

El cuidado de tu sistema muscular

Calienta tus músculos antes de jugar o hacer ejercicio.

Actividad

Estira tu brazo y levántalo sobre tu cabeza. Luego inténtalo de nuevo con un libro en tu mano. ¿Cómo sientes los músculos de tu brazo?

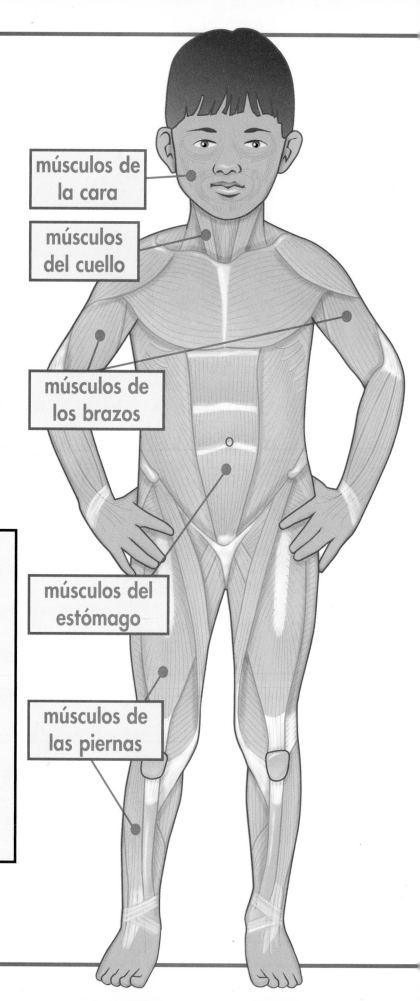

músculos de la cara

músculos del cuello

músculos de los brazos

músculos del estómago

músculos de las piernas

El sistema nervioso

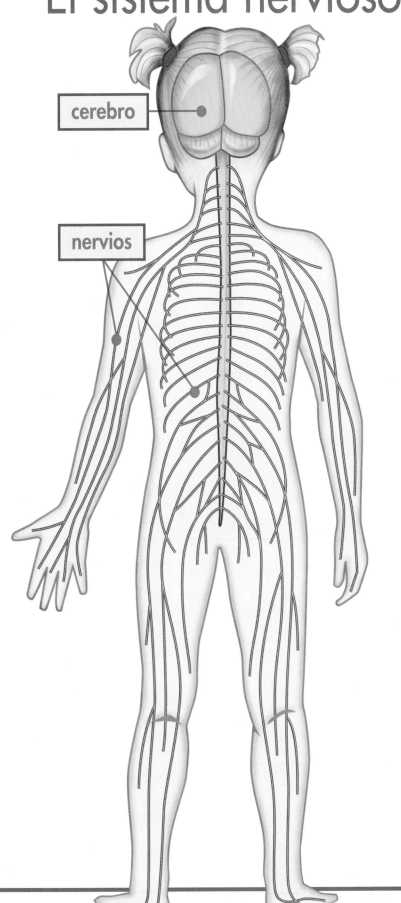

cerebro

nervios

Tu sistema nervioso mantiene tu cuerpo funcionando y te comunica las cosas que pasan a tu alrededor. Tu cerebro es parte de tu sistema nervioso.

El cuidado de tu sistema nervioso

Duerme lo suficiente. Cuando duermes, tu cerebro descansa.

Actividad

Aplaude en frente de la cara de un compañero de clases. ¿Qué les ocurre a sus ojos?

Mantenerte seguro

Protección contra incendios

Sigue estas medidas de seguridad.

- Nunca juegues con fósforos o encendedores.

- Cuidado con cocinas, calentadores, chimeneas y parrillas.

- No uses microondas, planchas o tostadoras sin la ayuda de un adulto.

- Practica el plan de protección contra incendios de tu familia.

- Si hay un incendio, sal rápido. Arrójate al suelo y gatea si hay mucho humo. Si una puerta cerrada está caliente, no la abras. Usa otra salida. Llama al 911 desde fuera de tu casa.

- Si tu ropa agarra fuego, detente, arrójate y rueda para apagarlo.

❶ **Detente** No corras o agites los brazos.

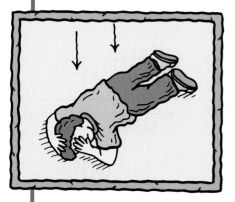

❷ **Arrójate** Acuéstate rápidamente. Cubre tus ojos con las manos.

❸ **Rueda** Da vueltas de un lado al otro para apagar el fuego.

Peligro con personas extrañas

Puedes mantenerte fuera de peligro con personas extrañas. Sigue estas medidas.

- Nunca hables con personas extrañas.
- Nunca salgas con personas extrañas, caminando o en carro.
- Si estás solo en la casa, no abras la puerta. No le dejes saber a las personas que llaman por teléfono que estás solo.
- Nunca le des tu nombre, dirección o número de teléfono a alguien que no conoces. (Puedes darle esta información a la operadora del 911 en una emergencia.)
- Si estás perdido o necesitas ayuda, habla con un policía, guardia o dependiente.
- Usa las medidas de peligro contra personas extrañas para protegerte.

❶ ¡Di no! Grita si es necesario. No tienes que ser cortés con personas extrañas.

❷ Escapa Camina rápido o corre en la dirección opuesta. Dirígete a personas que pueden ayudarte.

❸ Dícelo a alguien Habla con un adulto de confianza, como un miembro de la familia, un maestro o un oficial de policía. No guardes secretos sobre personas extrañas.

Mantenerte seguro
Una bicicleta segura

Para montar tu bicicleta con seguridad, necesitas comenzar con tener una bicicleta segura. Una bicicleta segura tiene un tamaño adecuado para ti. Cuando te sientas en tu bicicleta con el pedal en la posición más baja, debes ser capaz de descansar tu talón sobre el pedal.

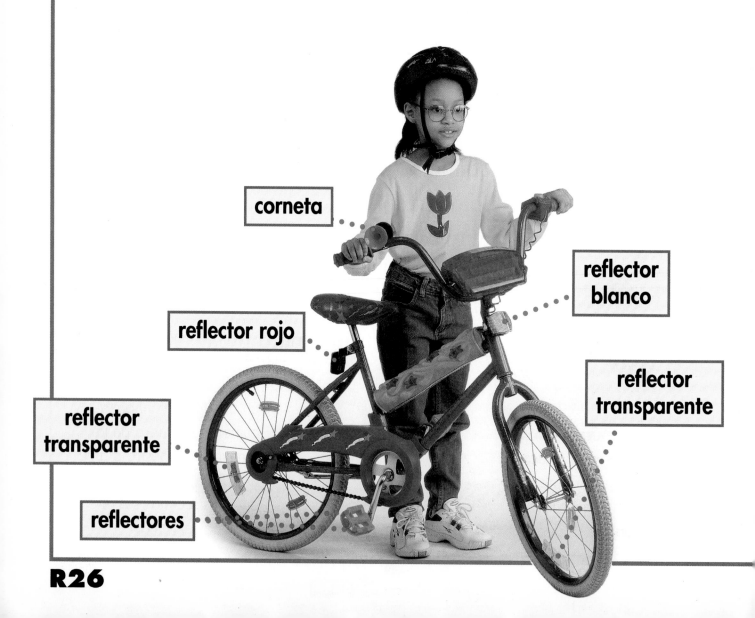

corneta

reflector blanco

reflector rojo

reflector transparente

reflector transparente

reflectores

Tu casco de bicicleta

◀ Usa siempre un casco de bicicleta. Usa el casco adecuadamente en tu cabeza. Asegúrate de que esté ajustado. Si tu casco se golpea en una caída, reemplázalo rápidamente, aun cuando no parezca dañado.

La seguridad en la calle

- Revisa tu bicicleta cada vez que la montes.
- Monta en línea recta. Móntala en la misma dirección que el tráfico.
- Detente, mira, escucha y piensa cuando entras en una calle o cruzas.
- Camina con tu bicicleta a través de una intersección.
- Obedece los signos y señales de tránsito.
- No montes bicicleta de noche sin un adulto. Viste ropa de colores claros y usa luces y reflectores para montar de noche.

GLOSARIO

agua dulce

El agua que no es salada. (C27)

algas

Una planta del océano. (B40)

agua salada

Agua que tiene sal en ella. (C31)

anfibio

Un animal con piel suave y húmeda. (A52)

aire

Lo que las personas respiran pero no pueden ni ver, ni probar, ni oler. (C23)

arena

Pedazos diminutos de roca partida. (C6)

arroyo

Una masa de agua en movimiento más pequeña que un río. (C28)

bosque tropical

Un bosque que está húmedo todo el año. (B35)

atraer

Jalar algo. (F33)

branquias

Partes del cuerpo que ayudan a un pez a tomar aire del agua. (A47)

bosque

Un lugar donde crecen muchos árboles. (B27)

calor

Lo que emite el fuego o el Sol. (E35)

cambiar

Hacerlo diferente. (E21)

condensar

Convertir el vapor de agua en gotitas de agua. (D18)

ciclo del agua

El movimiento del agua desde la Tierra hasta el cielo y de regreso a la Tierra. (D18)

derretir

Convertir de un sólido a un líquido. (E40)

clima

Como está el aire afuera. (D5)

desierto

Un lugar seco. (B31)

R30

empujar

Alejar algo. (F5)

evaporar

Convertir el agua en vapor de agua. (D18)

enriquecer

Mejorar. (B12)

flores

La parte de una planta que produce semillas. (A27)

estación

Uno de los cuatro períodos del año, otoño, invierno, primavera y verano. (D27)

flotar

Permanecer sobre un líquido. (E13)

fricción

Una fuerza que hace más difícil mover las cosas. (F20)

fuerza magnética

La fuerza de jalar de un imán. (F43)

fuerza

Empujar o jalar. (F5)

 G

gas

La materia que no tiene forma propia como el aire. (E17)

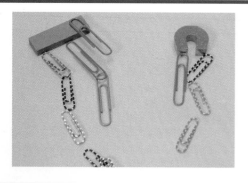

fuerza

Lo fuerte que algo es como la fuerza de jalar de un imán. (F37)

H

hojas

La parte de la planta que produce alimento para la planta. (A26)

hundir

Caer al fondo de un líquido. (E13)

invierno

La estación después del otoño. (D39)

imán

Un pedazo de hierro que jala las cosas hechas de hierro. (F33)

jalar

Acercar algo. (F5)

insecto

Un animal que tiene tres partes del cuerpo y seis patas. (A55)

lago

Una masa de agua con tierra a su alrededor. (C28)

larva

Una oruga. (A66)

líquido

La materia que corre para tomar la forma de su recipiente. (E9)

luz solar

La luz del Sol. (A34)

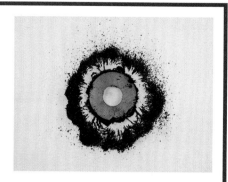

magnetizar

Darle fuerza magnética a algo que un imán atrae. (F47)

mamífero

Un animal que tiene pelo o pelaje y le da leche a sus crías. (A50)

materia

Todo lo que nos rodea. (E5)

mecánico

Una persona que puede reparar la parte dañada de un carro o poner una nueva. (E27)

no vivo

No necesita ni alimento, ni agua, ni aire y no crece. (A11)

movimiento

Moverse de un lugar a otro. (F13)

 O

océano

Una masa de agua salada grande y profunda. (B39)

 N

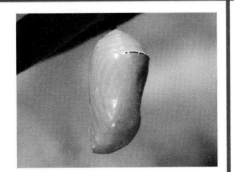

ninfa

Una capa dura sobre una oruga. (A67)

otoño

La estación después del verano. (D35)

P

polen

El polvo de las flores que las ayuda a producir semillas. (B13)

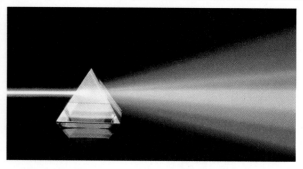

prisma

Un objeto transparente que descompone la luz en colores. (E45)

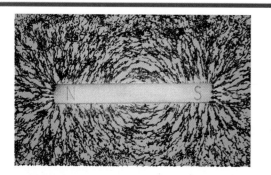

polos

Los lugares donde la fuerza de jalar de un imán es más fuerte. (F39)

producto

Algo que las personas hacen de otras cosas. (B16)

primavera

La estación después del invierno. (D27)

R

raíces

Una parte de la planta que la sostiene en el suelo y toma agua. (A24)

reflejar

El rebote de la luz. (E48)

renacuajos

Ranas jóvenes que nacen de huevos. (A72)

refractar

Desviar o cambiar la dirección de la luz. (E49)

repeler

Empujar. (F40)

refugio

Un lugar donde un animal puede estar a salvo. (B8)

reptil

Un animal con piel áspera y seca. (A52)

río

Una masa de agua en movimiento que es más grande que un arroyo. (C28)

salir del cascarón

Nacer un ave. (A60)

roca

Algo no vivo y duro que proviene de la Tierra. (C5)

semilla

De donde crecen la mayoría de las plantas. (A29)

rueda

Un rodillo que gira sobre un eje. (F23)

sentidos

Tacto, vista, olfato, audición y gusto. (A5)

sólido

La materia que mantiene su forma. (E6)

tallo

Parte de la planta que sostiene la planta y lleva el agua hasta las hojas. (A25)

suelo

La parte de la superficie de la Tierra que está hecha de rocas diminutas y pedazos de plantas y animales muertos. (C9)

tegumento

La capa que podría tener una semilla. (A29)

superficie

La parte de arriba o de afuera de algo. (F19)

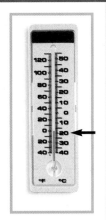

temperatura

La medida de lo caliente o lo frío que está algo. (D9)

termómetro

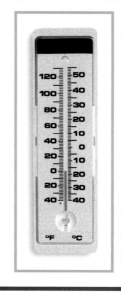

Una herramienta que mide la temperatura. (D9)

verano

La estación después de la primavera. (D31)

textura

Cómo se siente algo. (C13)

viento

Aire en movimiento. (D13)

vapor de agua

El agua que no puedes ver en el aire. (D18)

vivo

Necesita alimento, agua y aire para vivir y crecer. (A11)

Z

zigzag

Marcas pronunciadas hacia atrás y hacia adelante. (F10)

A